Sofortbetreuung an Einsatzstellen

Anmerkungen des Verlags

Die Herausgeber bzw. Autoren und der Verlag haben höchste Sorgfalt hinsichtlich der Angaben von Richtlinien und Empfehlungen aufgewendet. Für versehentliche falsche Angaben übernehmen sie keine Haftung. Da die gesetzlichen Bestimmungen und wissenschaftlich begründeten Empfehlungen einer ständigen Veränderung unterworfen sind, ist der Benutzer aufgefordert, die aktuell gültigen Richtlinien anhand der Literatur zu überprüfen und sich entsprechend zu verhalten.
Die Angaben von Handelsnamen, Warenbezeichnungen etc. ohne die besondere Kennzeichnung ®/™/© bedeuten keinesfalls, dass diese im Sinne des Gesetzgebers als frei anzusehen wären und entsprechend benutzt werden könnten.
Der Text und/oder das Literaturverzeichnis enthalten Links zu externen Webseiten Dritter, auf deren Inhalt der Verlag keinen Einfluss hat. Deshalb kann er für diese fremden Inhalte auch keine Gewähr übernehmen. Für die Inhalte der verlinkten Seiten ist stets der jeweilige Anbieter oder Betreiber der Seite verantwortlich.
Aus Gründen der Lesbarkeit ist in diesem Buch meist die männliche Sprachform gewählt worden. Alle personenbezogenen Aussagen gelten jedoch stets für Personen beliebigen Geschlechts gleichermaßen.

Bibliografische Information der Deutschen Nationalbibliothek
Die Deutsche Nationalbibliothek verzeichnet diese Publikation in der Deutschen Nationalbibliografie; detaillierte bibliografische Daten sind im Internet über http://dnb.dnb.de abrufbar.

Satz: Bürger Verlag GmbH, Edewecht
Titelbild: Sebastian Drolshagen, Dortmund
Druck: Tolek Sp. z o.o., 43-190 Mikolów (Polen)
ISBN 978-3-96461-069-0

Herausgeber: Frank Meurer
Thomas Mitschke
Jürgen Schreiber

Band 17

Sofortbetreuung an Einsatzstellen

Andrea Hirth
Christoph Brodesser
Jan Mohrhardt

Verlagsgesellschaft Stumpf & Kossendey mbH, Edewecht 2024

Inhalt

Abkürzungsverzeichnis

°C	Grad Celsius
a. a. O.	am angegebenen Ort
ASB	Arbeiter-Samariter-Bund e. V.
Aufl.	Auflage
BBK	Bundesamt für Bevölkerungsschutz und Katastrophenhilfe
BE	besonderer Bedarf
BiA	Betreuungsbedarfserhebung und -leistungssteuerung in der Akutphase von Einsatzlagen
BMI	Bundesministerium des Innern und für Heimat
BtPlBer	Betreuungsplatz-Bereitschaft
bzw.	beziehungsweise
ca.	circa
CBRN	chemisch, biologisch, radiologisch, nuklear
DDR	Deutsche Demokratische Republik
Dekon-V	Dekontamination für Verletzte
DGKM	Deutsche Gesellschaft für Katastrophenmedizin e. V.
DPWV	Deutscher Paritätischer Wohlfahrtsverband e. V.
DRK	Deutsches Rotes Kreuz e. V.
DV	Dienstvorschrift
e. V.	eingetragener Verein
EDV	elektronische Datenverarbeitung
einschl.	einschließlich
EK	Einsatzkraft
GG	Grundgesetz
ggf.	gegebenenfalls
GR	Grundbedarf
Hrsg.	Herausgeber

IS	„Islamischer Staat“
JUH	Johanniter-Unfall-Hilfe e. V.
K-Fall	Kriegsfall, Katastrophenfall
Kap.	Kapitel
KatS	Katastrophenschutz
KatS DV	Katastrophenschutz Dienstverordnung
km	Kilometer
KRITIS	Kritische Infrastrukturen
Lkw	Lastkraftwagen
LSHD	Luftschutzhilfsdienst
MANV	Massenanfall von Verletzten/Erkrankten
MHD	Malteser Hilfsdienst e. V.
mind.	mindestens
Mio.	Million
NATO	Organisation des Nordatlantikvertrags
Nr.	Nummer
NRW	Nordrhein-Westfalen
o. Ä.	oder Ähnliches/Ähnlichem
o. J.	ohne Jahr
ÖPNV	öffentlicher Personennahverkehr
PSNV, PSNV-E	psychosoziale Notfallversorgung, psychosoziale Notfallversorgung für Einsatzkräfte
RTW	Rettungswagen
S.	Seite
s.	siehe
SAA	Standardarbeitsanweisung
SEG	Schnelleinsatzgruppe
SO	Sofortbedarf
SOP	Standard Operation Procedure
Tab.	Tabelle
u. a.	unter anderem
USA	Vereinigte Staaten von Amerika
usw.	und so weiter
V-Fall	Verteidigungsfall
Ver.	Versorgung

vgl.	vergleiche
vs.	versus
Vwv	Verwaltungsvorschrift
WLAN	Wireless Local Area Network
WuKAS	Wissens- und Kompetenzvermittlung im Arbeits- und Gesundheitsschutz bei Spontanhelfern
z. B.	zum Beispiel
ZSKG	Zivilschutz- und Katastrophenhilfegesetz

Vorwort

Viele Einsätze im Katastrophenschutz bestehen zu einem großen Teil aus der Versorgung und Betreuung von unverletzten oder nicht schwer verletzten Betroffenen, die zeitweise aufgrund des Ereignisses eine Unterkunft mit Verpflegung, Hygieneeinrichtungen und die Weitergabe von Informationen benötigen. Hierbei sind die Bedarfe so individuell wie die Menschen, die zu unseren Betroffenen gehören. Bisher gab es kein Instrument, um – angelehnt an die medizinische Sichtung – Betreuungsbedarfe schnell und standardisiert zu erheben. So war es Aufgabe der eingesetzten Betreuungskräfte vor Ort, diese Bedarfe nach und nach zu erheben und dann zu versuchen, diese zu erfüllen. Wenn das Feststellen von Bedarfen und deren Befriedigung erst nach dem wirklichen Anlauf der Betreuungsstelle beginnen, kann der Zeitansatz enorm groß sein, denn bereits der Aufbau und die Inbetriebnahme einer Akutbetreuungsstelle per se benötigt einige Zeit. Zudem ist es oft schwierig zu erkennen, welche Bedarfe in einer Sofortbetreuung anfallen können.

Die Sofortbetreuung beschreibt die erste Phase – die sogenannte Soforthilfephase – eines Betreuungseinsatzes vom eigentlichen Ereignis bis zur Stabilisierungsphase. Sie kann Stunden bis wenige Tage dauern. In der Akutphase zeigen sich vor allem Sofortbedarfe sowie Grundbedarfe – und je nach Betroffenem auch noch besondere Bedarfe, die versorgt werden müssen.

Das Thema dieses Buches ist die Sofortbetreuung an Einsatzstellen. Kurz nach dem Ereignis entscheiden die rettungs- oder sanitätsdienstlichen Kräfte, ob eine betroffene Person medizinischer Versorgung bedarf oder als unverletzt Betroffene aus dem Einsatz hervorgeht. Spätestens hier wird mit der Nachalarmierung einer Betreuungseinheit eine Unterbringung für die Betroffenen angestrebt. Doch auch bis zur Eröffnung der Akutbetreuungsstelle gilt, diesen Personenkreis zu begleiten.

Mit einem Grundverständnis für Akutbetreuung und durch die Einweisung auf die Betreuungsbedarfserhebung nach Ergebnissen des Projektes „Betreuungsbedarfserhebung und -leistungssteuerung in der Akutphase von Einsatzlagen“ (BiA) kann die Begleitung der Betroffenen bis zur Eröffnung und Inbetriebnahme einer Akutbetreuungsstelle auch gut von anderen Einsatzkräften übernommen werden, die freie Ressourcen haben. Das ist wichtig, um die zeitliche Lücke möglichst klein zu halten und ggf. erste Informationen sowie die Registrierung durchzuführen. Deshalb richtet sich dieses Buch neben den Fachkräften des Betreuungsdienstes auch an alle anderen Einsatzkräfte von Einsatzeinheiten aller Organisationen, der Feuerwehr, des Technischen Hilfswerks und ggf. der Polizei.

Nach einem Blick auf die historische Entwicklung des Betreuungsdienstes des DRK vom Zweiten Weltkrieg bis heute widmen wir uns den Herausforderungen der Betreuungsaufgabe im Bevölkerungsschutz heute. Sowohl die Ursachen als auch die besonders vulnerablen Personengruppen führen zu einigen Besonderheiten in der Sofortbetreuung. Bestenfalls ist es möglich, sowohl Einsatzkräfte als auch die breite Bevölkerung im Sinne der Selbsthilfe zu schulen und deren Resilienz vor auftretenden Schadensereignissen so zu stärken, dass die Hilfe, die sie im Einsatzfall benötigen, möglichst gering ist. Am Beispiel des Stufenkonzepts der Betreuung nach der KatS DV 600 stellen wir die unterschiedlichen Phasen eines klassischen Betreuungseinsatzes vor und widmen uns danach der Sofortbetreuung an Einsatzstellen. Im dritten Kapitel stellen wir Ihnen einen Algorithmus mit einer Betroffenenanhängekarte sowie einer Taschenkarte für Einsatzkräfte vor, die Sie im Rahmen der Registrierung bei der Bedarfserhebung der Betreuungsleistungen unterstützen sollen. Das vierte Kapitel gibt Ihnen einen Einblick in die Einrichtung zur Betreuung Betroffener an der Einsatzstelle. Damit Sie auch in der Praxis eines Sofortbetreuungseinsatzes wissen, was zu tun ist, haben wir eine Checkliste erarbeitet, in der Sie von der Vorbeugung über die Vorbereitung und den eigentlichen Einsatz bis hin zur Nachbereitung und dem Einsatzabschluss alle wichtigen und zu bedenkenden Aspekte für Ihre Einheit finden. Abschließend wird diese Checkliste anhand eines Einsatzbeispiels in ihrer praktischen Anwendung dargestellt.

Ein besonderes Dankeschön richten wir an die Kolleginnen und Kollegen der interdisziplinären und organisationsübergreifenden Arbeitsgruppe unter der Schirmherrschaft und Leitung der Deutschen Gesellschaft für Katastrophenmedizin (DGKM) in Person von Jürgen Schreiber, ohne deren großartige Arbeit es nicht möglich gewesen wäre, dieses Arbeitsmittel der Betreuungsbedarfserhebung und Betreuungsleistungssteuerung zu erstellen. Auch der Autorenkreis dieses Buches setzt sich aus Teilnehmenden dieser Arbeitsgruppe zusammen. Ebenfalls danken möchten wir Marcel Kübel für seinen gedanklichen Input zur Checkliste.

Im Buch sprechen wir alle Einsatzkräfte aller Organisationen und Institutionen an, unabhängig von haupt- und ehrenamtlichen Strukturen oder Geschlecht.

Wir hoffen, dass wir Ihnen mit diesem Buch – egal, ob die Betreuung Betroffener Ihr Kerngebiet ist oder nicht – einen Einblick und ein Grundverständnis für diese so wichtige Arbeit geben können und Sie mithilfe der Checkliste und der Betreuungsbedarfserhebung „BiA“ gut gerüstet in Ihren nächsten Einsatz gehen können.

München, März 2024
Andrea Hirth

1 Entwicklung des Betreuungsdienstes des DRK vom Zweiten Weltkrieg bis heute

Die Situation nach dem Ende des Zweiten Weltkrieges brachte innerhalb Deutschlands, aber insbesondere aus den durch die Alliierten besetzten Gebieten Bevölkerungsbewegungen und Bevölkerungsverlegungen in einem vorher nicht gekannten Ausmaß mit sich. Dies führte erstmals zu Lagen, die mit dem heutigen Begriff „Betreuung", also umfassender nichtmedizinischer Hilfe für Menschen ohne festen Aufenthalt oder ohne Obdach, in Verbindung zu bringen sind. Zwar hatte es auch schon vorher Situationen gegeben, die nichtmedizinische Hilfen über größere Entfernungen notwendig machten (z. B. der Einsatz des „Hilfszuges Bayern" in Südtirol), allerdings waren dies im Wesentlichen Einsätze, um die Lebensmittel- und Essensversorgung zu sichern und verschiedene Hilfsgüter und Hilfsmittel zu verteilen. Die psychosoziale Komponente des Betreuungsdienstes, wie sie in den heute üblichen Konzepten etabliert ist, war damals noch nicht ausgeprägt, sondern kam erstmals bei den aus Flucht und Vertreibung in Mitteleuropa resultierenden Bevölkerungsbewegungen in den Fokus der Betrachtung. Insbesondere das Rote Kreuz sowie vor allem die kirchlichen Wohlfahrtsverbände (Caritas, Diakonie – damals „Innere Mission" genannt) nahmen sich der entwurzelten Menschen an ihren neuen Wohnplätzen an und sorgten nicht nur für die Sicherung der physischen Existenzgrundlagen, sondern auch um deren seelisches Wohl. Die heute übliche Aufgliederung der Betreuungsmaßnahmen in „Verpflegung", „Unterkunft" und „soziale Betreuung" hat hier ihren Ursprung und bildete in den Folgejahren die sogenannten Fachsparten des Betreuungsdienstes ab. Später kam noch die Aufgabe des Lenkens bzw. Leitens von Bevölkerungsbewegungen hinzu, ergänzt um die Begleitung insbesondere vulnerabler Menschen bei Verlegungen und Transporten.

Das wiedergegründete Deutsche Rote Kreuz griff diese Überlegungen bereits in den 1950er Jahren mit dem Ziel auf, die an den verschiedenen Orten in Deutschland mehr oder weniger unkoordiniert entstandenen Einheiten zusammenzuführen und – damals unter dem Begriff „Sozialdienst im K-Fall“ – zusammenzufassen. Der Begriff macht deutlich, dass die den Menschen bekannte Kompetenz aus den Wohlfahrtsaufgaben des täglichen Lebens auf Extremsituationen übertragen wurde, um Hilfen auch in Zeiten eines (äußeren oder inneren) Notstands anzubieten. Die anderen Hilfsorganisationen Arbeiter-Samariter-Bund, Malteser Hilfsdienst und Johanniter-Unfall-Hilfe übernahmen nach deren (Wieder-)Gründung in der ersten Hälfte der 1950er Jahre nach und nach ebenfalls diese Überlegungen und Entwicklungen.

Neben den Überlegungen zu Einsatzformationen, die in solchen Situationen Hilfe bringen sollten, stand auch die theoretische Durchdringung der Aufgabe der (sozialen) Betreuung im Vordergrund. Vielen älteren Führungskräften ist wahrscheinlich noch das in den 1960er Jahren fast zum „Standardwerk“ der sozialen Betreuung gewordene Büchlein „Der Mensch in der Katastrophe“ von Karl Egon von Berchem (1962) in Erinnerung. Bis weit in die 1980er Jahre hinein wurde dieses Werk als zwar kurzgefasstes, aber dennoch umfassendes Vademecum der sozialen Betreuung genutzt. Es ergänzte damit zielgerichtet die eher auf organisatorisch-technische Fragen konzentrierte „Handmappe Sozialdienst im K-Fall“, die das DRK 1956 im Umfeld seiner ersten „Katastrophenschutzvorschrift“ veröffentlicht hatte.

Keine große Hilfe für den Betreuungsdienst – insbesondere für die Aufgabe der sozialen Betreuung – war die Schaffung des Luftschutzhilfsdienstes (LSHD), die 1957 mit dem

„Ersten Gesetz über Maßnahmen zum Schutz der Zivilbevölkerung“ durch den Bund geregelt wurde. Der Bund wollte mit dem LSHD im Wesentlichen organisatorisch-technische Fragen eines Kriegsgeschehens im eigenen Land beantworten; die sogenannten Sozialzüge der LSHD-Lenkungsbereitschaften spielten nur eine untergeordnete Rolle. Vergleichbare Tendenzen gab es auch auf Länderebene: So verfügte der „regionale Katastrophenhilfsdienst“ des Landes Nordrhein-Westfalen zwar über „regionale K-Betreuungszüge“, deren Anzahl war jedoch gegenüber den Sanitätszügen gering und ihre taktische Struktur hauptsächlich wiederum auf Verpflegungsleistungen ausgerichtet. Allerdings konnten in diesem Segment durchaus beachtenswerte Erfolge bei Einsätzen erzielt werden: Sowohl bei der Flutkatastrophe in Hamburg 1962 als auch zum Beispiel bei der „Heinrichsflut“ 1965 in Ostwestfalen konnte durch die Zusammenfassung der damaligen „Hilfszugstaffeln“ des DRK, der Verpflegungstrupps aus den verschiedenen LSHD-Bereitschaften und den vorhandenen Betreuungs- (besser Verpflegungs-)Einheiten zumindest die Nahrungsmittelversorgung der betroffenen Menschen kurzfristig wieder sichergestellt werden. Aber auch hier: Soziale Betreuung im heutigen Sinne fand erst dann statt, als sich das Wasser zurückgezogen hatte und sich die Wohlfahrtsorganisationen mit „Fürsorgerinnen“ um die psychosozialen Belange der Menschen kümmerten. Es ist nicht auszuschließen, dass dieses Defizit in der damaligen Zeit nicht offenkundig wurde, weil der Zusammenhalt und die Nachbarschaftshilfe in kleinräumigen Strukturen stärker ausgeprägt waren als heute (auch Großstädte werden selbst heute noch bezeichnenderweise manchmal als eine „große Menge kleiner Dörfer“ gesehen – vor allem die Berliner nennen das liebevoll „Kieze“).

Allerdings blieb die Entwicklung des Betreuungsdienstes nicht stehen: Das DRK erarbeitete mit dem Modell der „Einsatzeinheit Sozialdienst" in den 1960ern ein Einsatzinstrument, das – wiederum neben der Sicherung der materiellen Lebensgrundlagen in Gestalt von Verpflegung und Unterkunft – besonders die soziale Betreuung ins Auge fasste. Hierbei mag mitgespielt haben, dass die sogenannte Frauenarbeit des DRK, die sich insbesondere der Wohlfahrtsaufgaben annahm, eine festere Verankerung in der stärker von Männern geprägten Aufgabe des Katastrophenschutzes suchte. Dabei ist auch zu beachten, dass nur das DRK in Deutschland sowohl Hilfsgesellschaft als auch Wohlfahrtsverband ist, während die anderen „weißen" Hilfsorganisationen zumindest in der damaligen Nachkriegszeit nicht selbst Wohlfahrtsarbeit betrieben, sondern dies im Wesentlichen durch deren Dachorganisationen erfolgte (ASB: Deutscher Paritätischer Wohlfahrtsverband; JUH: Diakonie, MHD: Deutscher Caritasverband), man selbst sich also eher als Organisation des Zivil- und Katastrophenschutzes im engeren Sinne sah.

Ein wichtiger Umbruch geschah dann 1968: Mit dem „Gesetz zur Erweiterung des Katastrophenschutzes" wurde die bisherige Zweigleisigkeit zwischen Luftschutz und Katastrophenschutz aufgegeben und festgelegt, dass die Einheiten des (friedensmäßigen) Katastrophenschutzes der Länder künftig auch die Aufgaben des Schutzes der Zivilbevölkerung im bewaffneten Konflikt zu übernehmen hätten. Es dauerte dann gleichwohl noch bis 1972, bis mit der „Allgemeinen Verwaltungsvorschrift zur Organisation des Katastrophenschutzes", der damals vielzitierten „KatS-Organisation-Vwv", die künftigen Fachdienste des Katastrophenschutzes festgelegt wurden. In dieser Vorschrift erhielt der Betreuungsdienst erstmals deutschlandweit einen festen Platz in den Strukturen der behördlichen Gefahrenabwehr, und zwar durchaus mit beachtenswerten Planungen: Neben die Betreuungszüge und die Betreuungsleitzüge sollten auch ortsfeste Komponenten in Gestalt der Betreuungsstellen treten – ein Ansatz, der aus heutiger Sicht geradezu modern anmutet. Betreuungszüge und Betreuungsstellen waren jeweils interdisziplinär organisiert; sie bestanden neben Elementen des Verpflegungsdienstes auch aus Kräften zur Organisation und Bewirtschaftung von (Not-)Unterkünften und im Sinne unseres Themas besonders auch aus Kräften der sozialen Betreuung. Die Betreuungsleitzüge waren demgegenüber für die Steuerung von Bevölkerungsbewegungen bei Evakuierungen und Fluchtsituationen über größere Entfernungen, aber auch für die Begleitung von Transporten vorgesehen. Insgesamt spielte die Frage der Leitung von Bevölkerungsbewegung, die noch zu Zeiten des LSHD durchaus ein gewichtiges Element war, in den 1970ern keine große Rolle mehr, denn die NATO-Doktrin des „Stay Put“ bzw. „Stay at Home“ ging inzwischen davon aus, dass in einem modernen Kriegsszenario die Verlagerung großer Bevölkerungsteile nicht mehr sinnvoll möglich sein würde, da man nuklearer oder chemischer Gefährdung dadurch nicht mehr entgehen könne und Hilfe eher am Ort benötigt würde.

Allerdings: Auch unter diesen modernisierten Überlegungen spielte der Betreuungsdienst, der sich in den beschriebenen Strukturen bis weit in die 1980er hinein fortsetzte, keine besondere Rolle außerhalb der Betrachtung kriegerischer Konflikte und Ereignisse. Er galt weiterhin als hauptsächlich „zivilschutzrelevanter Fachdienst“ mit nur geringer Relevanz für das Notfallgeschehen des täglichen Lebens. Im Vergleich zur Weiterentwicklung, die der sich ursprünglich aus ähnlichen Quellen speisende Sanitätsdienst hin zu einem modernen Rettungsdienst nahm (die ersten Rettungsdienstgesetze der Länder stammen hauptsächlich aus der zweiten Hälfte der 1970er), blieb der Betreuungsdienst eine Einsatzreserve des Zivilschutzes und – das ist besonders bedauerlich! – die eigentlich mögliche Vernetzung mit der professionellen Wohlfahrts- und Sozialarbeit fand nur rudimentär statt. Selbst im DRK, das durch seine Doppelrolle als Hilfsgesellschaft und Wohlfahrtsverband hierfür besonders prädestiniert gewesen wäre, wurde dieser „Link“ nicht erkannt, und bei den anderen Hilfsorganisationen mag die bereits oben erwähnte Zweigleisigkeit von Hilfsgesellschaft und (übergeordnetem) Wohlfahrtsverband eine weitere Rolle gespielt haben.

Eine veränderte Sicht auf den Betreuungsdienst ergab sich in den Jahren 1988 und 1989: Die Ereignisse um die Öffnung der Grenzen zwischen Ost- und Westeuropa und insbesondere die Situation der Flüchtlinge der Deutschen Demokratischen Republik (DDR) in der Prager Botschaft zeigten augenfällig, dass die Betreuung von Menschen – und zwar über Tage und Wochen hinweg – ein Einsatzszenario darstellt, das auch in Friedenszeiten weitaus relevanter sein kann, als bislang angenommen. In Prag, Warschau, am Plattensee in Ungarn und in verschiedenen Auffangeinrichtungen in Bayern wurden viele tausend Menschen aufgenommen, die ihre Heimat verlassen hatten, um in der Bundesrepublik Deutschland einen neuen Lebensmittelpunkt zu suchen. Neben den Einheiten des bereits seit eineinhalb Jahrzehnten in seinem Schwerpunkt auf Betreuung ausgerichteten DRK-Hilfszuges wurden hier nicht zuletzt auch Kräfte des Malteser Hilfsdienstes (am Plattensee) und der anderen Hilfsorganisationen in großem Umfang tätig. Und dieses Szenario setzte sich in den Folgemonaten fort: Vor und nach dem Fall der Berliner Mauer am 9. November 1989 kam es zu einem in diesem Umfang nicht erwarteten und daher auch nicht geplanten Zuzug von Menschen aus der DDR, aber auch osteuropäischen Staaten, die sich im Zuge der in den Folgemonaten voranschreitenden Auflösung der Machtblöcke auf den Weg in den Westen machten und hier aufgenommen und erstversorgt werden mussten. Neben der Ertüchtigung der Erstaufnahmeeinrichtungen des Bundes und der Länder war damit auch eine Erweiterung und Verstärkung der notwendigen Ressourcen auf kommunaler Ebene verbunden, die ad hoc mit Unterstützung der Kräfte der Verwaltungen und Hilfsorganisationen geleistet werden musste. Nach dem Fall des Regimes des rumänischen Machthabers Nicolae Ceaușescu im Dezember 1989 kam hinzu, dass nunmehr auch Menschen aus einem anderen Sprachraum aufzunehmen und zu betreuen waren, während bisher in aller Regel deutschsprachigen Flüchtlingen geholfen werden musste. Es bleibt festzuhalten, dass der vereinte Einsatz aller Kräfte, Verwaltungen und Organisationen letztendlich trotz des hohen Grades an Improvisationen, die mangels Vorplanungen im Betreuungsdienst erforderlich waren, als erfolgreich zu werten ist.

Die Erkenntnisse aus diesen Jahren führten dazu, dass sich die Sicht auf den Betreuungsdienst als einen primär „kriegsbezogenen" Fachdienst deutlich veränderte: Es war nun deutlich geworden, dass die Sorge für unverletzte Betroffene eines Schadensereignisses und insbesondere für geflüchtete Menschen jederzeit auch im „normalen" täglichen Leben geleistet werden könnte. Zwar gab es zunächst einen Rückschlag, als das deutsche Bundesinnenministerium in der Euphorie der Auflösung der Machtblöcke die „Friedensdividende" ernten wollte und daher die Strukturen des bisherigen Zivilschutzes zu einem großen Teil zerschlug; man ging davon aus, dass kriegerische Ereignisse in Mitteleuropa nun nicht mehr zu erwarten und daher viele bisherige Vorhaltungen des Zivilschutzes künftig unnötig geworden seien. Bestenfalls seien sie künftig als Vorhaltungen der Länder zu betreiben, die verfassungsrechtlich für den Katastrophenschutz in Friedenszeiten zuständig sind. Neben der Auflösung vieler stationärer Vorhaltungen und Systeme – z. B. insbesondere die Hilfskrankenhäuser, aber auch der

Warndienst – wurde auch das bisherige Schwesternhelferinnenprogramm eingestellt und damit die pflegerische Unterstützung im Krisenfall ganz entscheidend geschwächt. Für den Betreuungsdienst war dabei besonders einschneidend, dass die Finanzierung des DRK-Hilfszuges, also eines Einsatzinstruments mit betreuungsdienstlichem, aber auch pflegerischem Schwerpunkt, beendet wurde. Das DRK versuchte zwar, aus Eigenmitteln einen Teil der wegfallenden Bundesmittel zu kompensieren, dennoch führte das dazu, dass die Kapazitäten und die Leistungsfähigkeit des Hilfszuges auf etwa ein Drittel seiner bisherigen Größenordnung zurückgingen.

Allerdings hatte man in einigen Bundesländern auch Mitte der 1990er Jahre noch nicht vergessen, dass der Betreuungsdienst zu einem beträchtlichen Teil dazu beigetragen hatte, die Situation 1988/1989 zu bewältigen. Hinzu kam die immer lautere Forderung aus Fachkreisen – vor allem auch des Rettungsdienstes –, Systeme zu finden, die für eine Entlastung der rettungsdienstlichen Strukturen von betroffenen Personen eines Schadensereignisses sorgen, also Personen, die zwar Unterstützung, aber eben keine medizinische Hilfe durch ärztliches und rettungsdienstliches Fachpersonal benötigen. Eine Vielzahl von Versuchsprojekten mit „Schnelleinsatzgruppen Betreuung" und ähnlichen Bezeichnungen wurde an verschiedenen Standorten in Deutschland aufgesetzt – leider weitestgehend unkoordiniert, sodass die Systeme und insbesondere die Ergebnisse nur schwer vergleichbar waren. Eine deutliche Veränderung ergab sich dadurch, dass Nordrhein-Westfalen (NRW) seinen bisherigen landeseigenen „regionalen Katastrophenhilfsdienst", ebenfalls schwerpunktmäßig sanitätsdienstlich determiniert, reorganisieren und modernisieren wollte. In einer Vielzahl von Projektbesprechungen und Konzeptentwürfen wurde dabei das neue System „Einsatzeinheit" entworfen, dessen Schwerpunkt erstmals besonders die Forderung nach Entlastung des Rettungsdienstes von nicht primär rettungsmedizinisch zu versorgenden Personen aufgriff und daher dem Betreuungsdienst eine mindestens gleiche Wertigkeit wie der medizinischen Hilfe zuwies. Zur Erprobung des Konzeptes wurden schließlich in Nordrhein-Westfalen verteilt fünf „Piloteinheiten" aufgestellt, die an unterschiedlichen Standorten (ländlich/städtisch geprägt) die Eignung der daraus entstehenden Einheiten für die alltägliche Gefahrenabwehr verifizieren sollten. Dieses Konzept bewährte sich und wurde damit zur Grundlage der Gefahrenabwehr und des Katastrophenschutzes. Dies wurde teilweise in etwas abgewandelter Form auch in anderen Bundesländern umgesetzt.

Waren die 1990er Jahre zunächst von einer Verkleinerung und Flexibilisierung des Hilfeleistungspotenzials geprägt, geschah in den Jahren nach dem Jahrtausendwechsel eine Umkehr. Wurden ursprünglich die im Sanitätsdienst früher eingesetzten Sanitätszüge mit 50 Einsatzkräften als zu groß und schwerfällig angesehen und deshalb durch kleinere Strukturen von Schnelleinsatzeinheiten ersetzt, stellte man nun fest, dass für größere Lagen die vielen kleinen Einheiten das Führungssystem (zu) stark belasteten. Ähnliches galt auch im Betreuungsdienst; auch dort waren die früheren Betreuungszüge mit ihren 28 Einsatzkräften vielfach in Gruppenstrukturen („Schnelleinsatzgruppe Betreuung") umgewandelt worden. Spätestens bei der Vorbereitung auf die Fußball-Weltmeisterschaft der Männer 2006 wurden nun im Sanitätsdienst sogenannte Behandlungsplatz-Bereitschaften ausgeplant, die in einer Stärke von ca. 120 Einsatzkräften in der vorgeplanten überörtlichen Hilfe an den verschiedenen Einsatzorten zur Verfügung stehen sollten. Ihre Feuertaufe erhielten die Behandlungsplatz-Bereitschaften bereits ein Jahr vor der Weltmeisterschaft, als beim Papstbesuch auf dem Marienfeld bei Köln mehrere dieser Einheiten zur sanitätsdienstlichen Absicherung der erwarteten ca. 1,5 Mio. Besucher vorgehalten wurden. Dort kam es jedoch nur in einem vergleichsweise geringen Maße zu medizinischen Notfällen. Vielmehr mussten die Kräfte zu einem weitaus größeren Teil betreuungsdienstlich tätig werden, als bei den so vorher nicht erwarteten niedrigen Nachttemperaturen eine Vielzahl von Menschen eine Wärmemöglichkeit, aber auch eine Versorgung mit Trinkwasser und Verpflegung suchten. Die Konsequenz war, nun auch „Betreuungsplatz-Bereitschaften" auszuplanen, die jeweils in der Lage sein sollten, ca. 500 Betroffene an Anlaufstellen aufzunehmen und in Sammelplätzen bis zu 24 Stunden zu betreuen. Die Stärke einer Betreuungsplatz-Bereitschaft umfasst seitdem in Nordrhein-Westfalen 72 Einsatzkräfte; andere Bundesländer haben dieses Konzept in ähnlicher Form umgesetzt. Allen gemeinsam ist die Festlegung der Leistungsfähigkeit auf 500 betroffene Personen, sodass die Konzepte bezüglich ihrer Fähigkeit innerhalb Deutschlands kompatibel sind. Seinen ersten großen Einsatz erlebte das Konzept der nordrhein-westfälischen Betreuungsplatz-Bereitschaften im Jahr 2010 bei der Love-Parade in Duisburg. Seit dieser Zeit wird der Nutzen und der Stellenwert des Betreuungsdienstes im Gesamtsystem der alltäglichen Gefahrenabwehr in Deutschland nicht mehr infrage gestellt; er ist als Element der Gefahrenabwehr anerkannt und akzeptiert.

In diesen Zeitraum der Nullerjahre fällt auch die Diskussion über eine fachliche Neuausrichtung des Betreuungsdienstes, wie sie die Hilfsorganisationen und das Bundesamt für Bevölkerungsschutz und Katastrophenhilfe (BBK) führte. Die bisher alleinig funktionale Konzentration auf die traditionellen Fachsparten Verpflegung, Unterkunft und soziale Betreuung werden seither eher prozessorientiert betrachtet und als „Betreuungsmanagement", „Betreuungslogistik" und „Soziale Betreuung" benannt. Im Rahmen der „Strategie 2010plus" des DRK wurde der Betreuungsdienst daraufhin durch mehrere Arbeitsgruppen auch in seiner strategischen und taktischen Relevanz untersucht; Beschreibungen der Leistungsfähigkeit, Zielbeschreibungen, Definitionen von Schutz- und Interventionszielen gehören seitdem zum Handwerkszeug der im Betreuungsdienst Tätigen und bilden den theoretischen Unterbau für die fachliche Ausbildung der handelnden Personen im Einsatz.

Wie wichtig dies war, zeichnete sich 2012 und dann insbesondere nach 2015 für den Betreuungsdienst ab: Mit der ersten Flüchtlingswelle 2012 und der Flüchtlingsnothilfesituation 2015 wurden betreuungsdienstliche Einsatzanforderungen von der bisherigen Ausrichtung auf kurz- (wenige Stunden) und mittelfristige (24–48 Stunden) Hilfeleistungen auf länger andauernde Situationen verschoben. Neben der ersten Aufnahme kamen Unterbringungsmaßnahmen über Tage und Wochen hinzu (im Kreis Gütersloh war der Betreuungsdienst z. B. über mehr als drei Monate eigenständig in einer Flüchtlingsunterbringungseinrichtung tätig). Neben den bekannten Aufgaben der sozialen Betreuung und der Verpflegung war nun nicht zuletzt auch die Fachsparte „Unterkunft" gefordert, denn viele Unterbringungseinrichtungen mussten erst hergerichtet und aufgebaut werden. Diese logistische Aufgabe war ebenso zu bewältigen wie die Planung und Leitung einer Unterkunft für viele Wochen über einen langen, teilweise vorher nicht absehbaren Zeitraum. Die in der Vergangenheit eher nachrangig betrachtete Begleitung von Transporten (die Kenntnisse über die früheren „Lenkungsbereitschaften" des LSHD waren inzwischen weitgehend verloren gegangen und die Betreuungsleitzüge des Katastrophenschutzes waren über eine Darstellung in Gliederungsbildern kaum herausgekommen, bevor sie dann später ganz abgeschafft wurden) bekam mit den „Flüchtlingszügen“ aus München und Freilassing zu Bahnhöfen im gesamten Bundesgebiet erhöhte Relevanz. Anders als sonst immer geplant, mussten die Kräfte des Katastrophenschutzes und aus den Gemeinschaften der Hilfsorganisationen über einen langen Zeitraum tätig werden, obwohl eigentlich eine Übernahme von Unterkünften usw. binnen Kurzem durch hauptberufliches Personal immer wieder angestrebt wurde – der Arbeitsmarkt gab aber die Kräfte mit der entsprechenden Fachlichkeit nicht in der benötigten Anzahl und vor allem nicht so schnell wie erforderlich her. Hinzu kam, dass die Flüchtlingsnothilfesituation in der Mehrzahl der Bundesländer nicht als Einsatz im Sinne der jeweiligen Katastrophenschutzgesetzgebung angesehen wurde, sodass Freistellungsmöglichkeiten vom Arbeitsplatz nicht in dem erforderlichen Maße gegeben waren – übrigens eine Situation, die auch fünf Jahre später in der COVID-19-Pandemie noch ähnlich festzustellen war. Viele Kräfte des Betreuungsdienstes haben in diesem Zeitraum viele Stunden bis Tage in der Flüchtlingsbetreuung gearbeitet. Teilweise gehören sie heute noch außerhalb der Aufgabenstellung ihrer Einsatzformationen zu den ehrenamtlichen Unterstützungskräften, die tatkräftig bei der Betreuung und Eingliederung von Flüchtlingen in unsere Gesellschaft mitwirken.

Die COVID-19-Pandemie der 2020er Jahre war zwar auch für den Betreuungsdienst relevant, machte aber insbesondere die Situation in der Pflege prekär. Nun ist Pflege bereits mindestens seit den 1970er Jahren eine Aufgabe mit hoher Bedeutung als Komplementärfunktion des Betreuungsdienstes (die Aufstellung der Pflegezüge innerhalb der Abteilungen des DRK-Hilfszuges belegt dies augenfällig), nach Wegfall des Schwesternhelferinnenprogramms wurde sie jedoch nur eher „randständig“ betrachtet. Für die üblicherweise fachlich aus dem Brandschutz, dem Rettungsdienst und der Notfallmedizin stammenden Planer des Katastrophenschutzes in den Ordnungs- oder Feuerwehrämtern gehörte Pflege bis dato zu den Aufgaben, die „die Gesundheit“, also der Amtsarzt und das Gesundheitsamt, bestenfalls noch die Sozialbehörde für den ambulanten Bereich zu erledigen hatte. Auch hier wird wieder deutlich: Mit der Abschaffung der Hilfskrankenhäuser in der ersten Hälfte der 1990er Jahre (s. o. Friedensdividende) war auch das institutionalisierte Wissen bei den Katastrophenschutzbehörden zu einer eventuell einmal notwendigen Kapazitätserweiterung der stationären Krankenhausversorgung Zug um Zug verloren gegangen. Dass es betreuungsdienstliche Lagen geben könnte, die auch zu einem größeren Anteil erkrankter Personen führen könnten (immerhin sind nach Erkenntnissen der gesetzlichen Krankenkassen zu jedem Zeitpunkt zwischen 3 und 5 % der Bevölkerung bettlägerig krank, benötigen also spätestens dann, wenn Familienstrukturen z. B. bei einer behelfsmäßigen Unterbringung nicht mehr voll greifen können, externer pflegerischer Unterstützung), war vielerorts nicht mehr Gegenstand von Überlegungen, geschweige denn Planungen. Mit dem massiven Eintreten der COVID-19-Pandemie auch in Deutschland wurde dieses Defizit deutlich: Kräfte des Betreuungsdienstes und des Sanitätsdienstes mussten in Crashkursen in Grundpflege und zur Unterstützung des beruflichen Pflegepersonals ausgebildet werden, um in Quarantäneeinrichtungen, „Fieberlazaretten“ und rasch eingerichteten Pflegestationen mithelfen zu können – selbstredend ergänzend zu ihrer primären Aufgabe des Aufbaus und Betriebs solcher Einrichtungen.

In den neueren und größeren Einsätzen, wie den Hochwassereinsätzen (z. B. 2021), zeigt sich immer mehr, wie wichtig eine zentrale Materialvorhaltung ist, wie sie aktuell mit dem Projekt „Labor 5.000“ aufgebaut werden soll. In diesem Projekt des BBK und der Hilfsorganisationen werden

Module entwickelt und getestet, die bis zu 5.000 betroffene Personen unterbringen und autark versorgen können. Diese werden vor einer großflächigen bundesweiten Beschaffung unter „Laborbedingungen“ geprüft.

War noch am Ende des Zweiten Weltkrieges Betreuung auf die umfassende Unterstützung und Versorgung großer Personengruppen ausgerichtet, die über längere Zeit oder sogar dauerhaft ihre bisherigen Wohnplätze verlassen mussten, hatte sich dieses Aufgabenprofil in den ersten Jahrzehnten der Bundesrepublik Deutschland gewandelt – Betreuung bezog sich nun auf eine eher kurzfristige Hilfe an Menschen, die wegen eines punktuellen Schadensereignisses für einige Tage nicht selbst für sich sorgen konnten. Später kam dann die Unterstützung von Betroffenen kleinerer oder größerer Schadensereignisse hinzu – allerdings: Viel mehr als der Massenunfall mit Omnibussen oder die Evakuierung nach einem Hochwasser für wenige Tage gehörte nicht zum Szenario. Man ging davon aus, dass die Anzahl der betroffenen Personen leicht in die „Regelversorgung“ des Aufnahmegebietes einfließen konnte und infrastrukturelle Unterstützung nur im Ausnahmefall erforderlich würde – von „Autarkie“ der Betreuungseinrichtungen ganz zu schweigen. Die Betreuung bei Großveranstaltungen mit Hunderttausenden von Menschen brachte dann neue systemische Überlegungen zum Tragen. Sowohl die Flüchtlingsnothilfesituation als auch die vergangenen Hochwasserlagen machten deutlich, dass nicht mehr davon ausgegangen werden kann, dass die üblichen Infrastrukturen nach einem (Katastrophen-)Ereignis weiterhin zur Verfügung stehen, sondern man damit rechnen muss, auch die Aufnahmegebiete umfangreich für ihre Aufgabe ertüchtigen zu müssen, was erhöhte Anforderungen an das Betreuungsmanagement, insbesondere aber an die Betreuungslogistik stellt.

2 Herausforderungen der Betreuungsaufgabe im Bevölkerungsschutz heute

Katastrophen, Gefahrenlagen oder ähnliche Ereignisse können Menschen in Not geraten und hilfsbedürftig werden lassen. Ursächlich hierfür können unter anderem die Freisetzung gefährlicher Stoffe, Bombenfunde, Brände, extreme Wettereignisse sein (z.B. massiver Schneefall, Hochwasserlagen) oder Unglücke im Verkehr (Bus- und Bahnunfälle, Verkehrsunfälle mit Stau), in denen der Betreuungsdienst tätig wird. In solchen Einsatzlagen ist er heute für die soziale Betreuung von unverletzt Betroffenen zuständig. Das bedeutet, dass er die Maßnahmen Unterbringung, Versorgung, Verpflegung und zum Teil Evakuierung sowie die Begleitung von Transporten übernimmt.

2.1 Dimensionen und Genese von Schadenslagen

Um die Herausforderungen, mit denen sich die Sofortbetreuung in Ad-hoc-Lagen konfrontiert sieht, zu begreifen, wird im Folgenden ein Auszug an Gefahrenszenarien dargestellt. Aus diesen können sich bei entsprechender Ausprägung akute Betreuungslagen ergeben.

Naturgefahren

Überflutete Straßen und Stromausfälle bei Starkregen, Beeinträchtigungen der Binnenschifffahrt bei Niedrig- und Hochwasser, Einschränkungen der Hilfeleistungsfähigkeit von Einsatzorganisationen – Naturgefahren stellen eine der

Tab. 1: Spektrum der Naturgefahren (modifiziert nach BMI 2009, S. 7)

Gefahrenart	Beispiele
Extremwetterereignisse	Stürme, Starkniederschläge, Sturzfluten, Hochwasser, Hitzewellen, Dürren, Temperaturstürze
Wald- und Heidebrände	
Seismische Ereignisse und gravitative Massenbewegungen	Erdbeben, Felsstürze, Hangrutschungen, Murgänge
Vulkanausbrüche	
Epidemien und Pandemien bei Mensch, Tier und Pflanzen	Cholera, Ebola, COVID-19
Kosmische Ereignisse	Meteoriten, Kometen, Sonnenstürme
Meeresspiegelanstieg	Sturmfluten, Küstenüberschwemmungen durch Deichbrüche

wesentlichen Gefahrenquellen für Schädigungen und Ausfälle Kritischer Infrastrukturen (KRITIS) dar (vgl. BBK o. J. a). Solch ein Ausfall hätte weitreichende Konsequenzen für das tägliche Leben und kann ursächlich für eine Betreuungslage werden. Das Spektrum möglicher Naturgefahren ist vielfältig: Es reicht von regelmäßig eintretenden Ereignissen bis hin zu äußerst seltenen, aber dennoch nicht gänzlich unwahrscheinlichen Gefahrenarten. Es ist damit zu rechnen, dass einige dieser Ereignisse – Extremwetter, Vegetationsbrände und gravitative Massenbewegungen – durch den Klimawandel in Zukunft häufiger auftreten oder sich ihre Folgen verstärken (vgl. BBK o. J. a).

Terrorismus, Zivilschutzlagen und Gefahrstoffunfälle

Spätestens seit den terroristischen Anschlägen am 11. September 2001 auf das World Trade Center in New York und das Pentagon ist eine grundlegende Veränderung der Rahmenbedingungen zu beobachten, um die Sicherheit in Deutschland zu gewährleisten – nämlich die Auflösung der Trennung von Innerer und Äußerer Sicherheit sowie die zunehmende Konfrontation mit Akteuren, die außerhalb der tradierten Kategorien von Krieg und Frieden operieren. Die neuen Bedrohungslagen sind nicht mehr nur zwischenstaatliche Konflikte, sondern sie sind überwiegend globaler Art und fallen mit der relativen Handlungsschwäche des ans Territorialprinzip gebundenen Nationalstaats in einer „entgrenzten" Welt zusammen (vgl. BKA o. J.). Die Globalisierung hat dynamische Wirtschaftsprozesse und den Grenzen überschreitenden Waren-, Kapital- und Personenverkehr verstärkt, wovon Deutschland einerseits wirtschaftlich profitiert, was aber andererseits die Sicherheitslage tendenziell verschlechtert hat (vgl. BKA o. J.). Asymmetrische Konflikte prägen das neue Bedrohungsbild, in dem substaatliche Akteure wie Warlords, Größen der organisierten Kriminalität, selbsternannte Gotteskrieger und „Befreiungskämpfer" sowie Terroristen in globalen Netzwerken ihren Geschäften nachgehen (vgl. BKA o. J.).

Mit dem Krieg in der Ukraine und der aktuellen Situation im Nahem Osten hat der Zivilschutz als Bestandteil der Gesamtverteidigung Deutschlands eine nicht gewollte Bedeutung erlangt. Im Sinne der „Zeitenwende" offenbaren sich die bestehenden Defizite im Zivilschutz auch für den Bereich der Betreuung. Angesicht des Endes des Kalten Krieges sind in den vergangenen vierzig Jahren Fähigkeiten der Inlandsevakuierung oder der Versorgung und Betreuung großer Bevölkerungsgruppen verloren gegangen, die selbstverständlich auch in anderen Großschadenslagen dringend benötigt werden.

Neben unfall- oder störfallbedingten Freisetzungen von zumeist chemischen Gefahrstoffen, die fast alltäglich geschehen und die seltener zu Großschadenslagen führen, können chemische Lagen auch beabsichtigt herbeigeführt werden. Im Zusammenhang mit dem Bevölkerungsschutz sind dabei vor allem solche Stoffe von Bedeutung, die unmittelbar oder mittelbar eine Schädigung an Menschen, Tieren und/oder Umwelt verursachen oder zur Schädigung des alltäglichen Lebens eingesetzt werden können (vgl. BBK o. J. b). In Deutschland mussten solch große Szenarien von chemischen Lagen glücklicherweise bisher nur im Rahmen von Übungen bewältigt werden (BKA o. J.). Doch auch eine Nutzung chemischer Substanzen als terroristischer Anschlag ist denkbar und so im Ausland auch bereits geschehen. Ein dramatisches Beispiel war der Sarin-Anschlag der Aum-Sekte im März 1995 in Japan: Zwölf Todesopfer und ca. 5.500 Personen, die medizinische Hilfe benötigten, waren das Ergebnis der Freisetzung des selbst hergestellten Nervenkampfstoffs Sarin, einem Acetylcholinesterasehemmer, in der Tokioter U-Bahn (BKA o. J.).

Terrorgruppen verfolgen zwar unterschiedliche politische und ideologische Ziele, doch sie ähneln sich in ihrer Gewaltstrategie. Und sie alle setzen auf den gleichen psychologischen Effekt: die Verbreitung von Angst und Schrecken. In einer vernetzten Welt kann der Terror zudem schnell vom Ausland ins Inland transportiert werden (BKA o. J.). Zum Beispiel wird der sogenannte Islamische Staat (IS) als die zurzeit gefährlichste Terrorgruppe eingestuft, obwohl er seine Territorien in Irak und Syrien verloren hat. Der Bundesnachrichtendienst (BND) geht davon aus, dass der IS sowohl vor Ort als auch über sein internationales Netzwerk an Unterstützern aktiv bleibt (BKA o. J.). Der Hauptgrund für diese Annahme ist, dass der IS die Gräben zwischen Sunniten und Schiiten noch weiter vertieft und dem islamistisch motivierten Terrorismus damit zusätzlichen Nährboden geschaffen hat (BKA o. J.).

2.2 Vulnerable Personengruppen

Das Adjektiv „vulnerabel" stammt aus dem Lateinischen und bedeutet „verwundbar"/„verletzlich". Als vulnerable Bevölkerungsgruppen versteht man Menschen, die schlecht in der Lage sind, Herausforderungen aus eigener Kraft zu bewältigen und daher unter Krisen besonders leiden.

In der geografischen Entwicklungs- sowie Risikoforschung wird das Konzept der Vulnerabilität/Verwundbarkeit seit den 1980er Jahren verwendet und hat seither verschiedene Weiterentwicklungen erfahren. Verwundbarkeit ist inzwischen zu einem zentralen Begriff in der Entwicklungsforschung und der Entwicklungszusammenarbeit geworden.

Im Prinzip ist das Verwundbarkeitskonzept eine Erweiterung herkömmlicher Armutsansätze. Armut – also der Mangel an Geld und Vermögenswerten – ist nur eine von vielen Ursachen und Ausdrucksformen gesellschaftlicher Benachteiligung. Verwundbar sein heißt also:

- Stressfaktoren ausgesetzt zu sein (externe Dimension),
- diese nicht bewältigen zu können (interne Dimension) und
- unter den Folgen des Schocks und der Nichtbewältigung leiden zu müssen.

Verwundbarkeit muss als ein dynamischer Prozess verstanden werden. Betroffene können je nach Situation unterschiedlich verwundbar sein oder werden. Einzelne Phasen dieses Verwundbarkeitsprozesses reichen vom Stadium der Grundanfälligkeit (Phase der Bewältigung oder des Sich-Arrangierens) über mehrere Zwischenschritte bis hin zur existenziellen Katastrophe, die durch einen Kollaps der Lebensabsicherung und durch totale Abhängigkeit der

Betroffenen von externen Hilfsmaßnahmen gekennzeichnet ist. Eine Hungerkatastrophe ist ein Beispiel für einen solchen Kollaps.

Die Katastrophensoziologie beschäftigt sich ebenfalls mit der Frage, wie der Schutz für potenziell Betroffene verbessert werden kann. Hierzu werden Indikatoren entwickelt, die Gefahren zu Schutzmöglichkeiten (einschließlich Selbstschutzmöglichkeiten) in Bezug zu setzen und für Gruppierungen von Menschen und für soziologisch abgegrenzte Räume zu erarbeiten.

In der Psychologie wird Vulnerabilität als das Gegenteil von Resilienz betrachtet. Vulnerable Personen werden besonders leicht emotional verwundet und entwickeln eher psychische Störungen. Merkmale für tendenziell vulnerable Personen können beispielsweise sein:

- die Tendenz, aktiv, impulsiv, aggressiv zu reagieren und sich leicht zu ärgern,
- die Tendenz, von Routine gelangweilt zu sein und äußere Reize zu suchen,
- mangelnde Angst vor Konsequenzen der eigenen Handlungen,
- wenig Einfühlungsvermögen in die Gefühle anderer Menschen,
- unterdurchschnittlicher Intelligenzquotient.

Jeder Mensch durchläuft in seinem Leben mehrere vulnerable Phasen, zum Beispiel die Pubertät, in denen eine erhöhte Gefahr besteht, eine psychische Störung zu entwickeln.

In der Medizin bezeichnet Vulnerabilität die Anfälligkeit, an etwas zu erkranken (z. B. an einer Schizophrenie). Bei vielen Erkrankungen (gewissen Tumorleiden, psychischen Erkrankungen, Autoimmunerkrankungen wie Allergien) wird die Anfälligkeit des Einzelnen, daran zu leiden, durch verschiedene, zusammenwirkende Faktoren bedingt

(z. B. genetisch, psychosozial, expositionell [Schadstoffe, Rauchen]). Maßnahmen bis hin zu Einschränkungen von Grundrechten wurden im Zuge der COVID-19-Pandemie u. a. damit begründet, dass vulnerable Personengruppen vor einer Infektion durch Coronaviren geschützt werden müssten, solange es weder einen Impfstoff noch bewährte Medikamente gegen das Virus gebe.

Die wahrgenommene Vulnerabilität ist der subjektive Glaube eines Menschen hinsichtlich der Wahrscheinlichkeit, mit der er von einer bestimmten Gesundheitsstörung betroffen sein wird.

Vulnerable Gruppen sind Personenkreise, die aufgrund ihrer körperlichen, geistigen oder seelischen Konstitution oder aufgrund ihrer besonderen sozialen Situation verletzlich (vulnerabel) sind. Darunter fallen:

- nicht entscheidungsfähige Personen, z. B. Menschen mit kognitiven Defiziten oder Demenzerkrankung, Kinder (jedenfalls bis zur Vollendung des 14. Lebensjahres), Personen mit gerichtlichen Erwachsenenvertretern,
- Personen mit sensitiven Einschränkungen, z. B. Gehörlosigkeit oder Seheinschränkungen,
- Menschen mit motorischen Einschränkungen, z. B. körperliche Einschränkung, die einen Rollstuhl bedarf oder Bettlägerigkeit mit sich bringt, sowie Personen, die bei alltäglichen Handlungen (Nahrungsaufnahme, Körperhygiene) Unterstützung benötigen,
- Jugendliche,
- alte Personen,
- Menschen in Not- oder Extremsituationen, z. B. derzeit von Flucht betroffene Personen,
- Personen, an denen freiheitsbeschränkende Maßnahmen angewandt werden,

- Schwangere,
- Personen, die unter einem starken hierarchischen Druck stehen, z. B. Militärangehörige, Strafgefangene und
- andere Personen, bei denen die Freiwilligkeit der Teilnahme durch ein Abhängigkeitsverhältnis fraglich ist, z. B. Studierende.

2.3 Besonderheiten der Ursachen und der Betroffenen in der Sofortbetreuung

Nachdem wir uns mit den möglichen Ursachen und den besonders vulnerablen Personengruppen beschäftigt haben, bleibt die Frage offen, welche Besonderheiten sich hieraus für unsere Sofortbetreuung im Einsatzfall ergeben.

Betrachten wir zunächst die Naturgefahren am Beispiel von Extremwetterlagen, Bränden, Erdbeben, Vulkanausbrüchen, kosmischen Ereignissen (Meteoriteneinschläge) oder Sturmfluten: In den meisten Fällen ist davon auszugehen, dass es zu einer mehr oder minder großflächigen Zerstörung von Infrastruktur und Wohnraum kommt. Trotz der Gefahr im akuten Schadensgebiet verlassen Menschen ihr Hab und Gut oft zeitverzögert und sind bemüht, dieses zu schützen und die Schäden möglichst gering zu halten. Kommt es jedoch zu großen Schäden, so ist es ein langer Prozess der Rückführung in einen geregelten Alltag – begleitet von existenziellen Ängsten und der Trauer um den Verlust des Eigentums und oft auch Dingen mit hoher emotionaler Bedeutung. Im ersten Moment kann der Bedarf an psychosozialer Notfallversorgung (PSNV) relativ gering sein, da die Sorge um den eigenen Besitz und die eigene Sicherheit groß ist. Da es sich bei Naturkatastrophen um nicht direkt durch Menschen herbeigeführte Ereignisse handelt, ist es für

Betroffene auch oftmals leichter, das Ereignis in das eigene Weltbild zu integrieren, was die akute Belastung schneller abklingen lassen kann. Jedoch ist die Bereitstellung von Lageinformationen sehr wichtig. Bei Vermissungen ist die Belastung deutlich höher und die Betroffenen brauchen eine enge Begleitung. Bei der Wahl der Akutbetreuungsstelle ist es häufig nötig, weitere Wege zurückzulegen, da sich alle gängigen Optionen ebenfalls im Schadensgebiet befinden könnten. Das ist vor allem hinsichtlich der aufgrund der zerstörten Infrastruktur bereits erschwerten Logistik dringend zu bedenken.

Nach der COVID-19-Pandemie mussten wir alle feststellen, was eine Epidemie oder gar Pandemie für unser Tun und unser Handeln bedeutet. Neben den erhöhten materiellen Ressourcen wie Schutzkleidung und Masken, die oftmals nicht zeitnah in ausreichender Zahl zur Verfügung stehen, gilt es, die vielen erkrankten Personen zu versorgen. Für den Betreuungsdienst bedeutet das, dass in einer möglichen Akutbetreuungsstelle vermehrt auf Hygiene- und Infektionsschutzvorgaben sowie Schutzkleidung für Einsatzkräfte und Betroffene geachtet werden muss. Es ist sinnvoll, mögliche Schnelltests (je nach Erkrankung) bei Zugang zur Unterkunft durchzuführen, ausreichend geeignetes Desinfektionsmittel bereitzustellen und einen Quarantänebereich einzurichten, um die nichterkrankten Personen nicht zu gefährden. Auch bezüglich der Sanitäreinrichtungen und der Essensausgabe sollte gesondertes Augenmerk auf die ausreichende Bereitstellung von Seife und Desinfektionsmitteln gerichtet werden.

Im Fall eines terroristischen Anschlaggeschehens gilt es vorrangig, eine sichere Sammelstelle festzulegen und die Betroffenen schnellstmöglich aus der Situation zu bringen. Da Anschlaggeschehen auch dynamisch sein können, sind Absprachen mit allen beteiligten Institutionen essenziell.

Eine solche Sammelstelle kann durchaus von Interesse für einen sogenannten Second Hit sein. Hier gilt, soweit personell möglich, auch eine polizeiliche Absicherung zu garantieren – sowohl aus Sicherheitsaspekten als auch für das wichtige subjektive Sicherheitsempfinden der Betroffenen, das empfindlich verletzt wird. Auch der Bedarf an PSNV ist von Beginn an deutlich höher und sollte schnellstmöglich sichergestellt werden. Wenn keine 1:1-Betreuung möglich ist, kann auch mit einer Gruppenbetreuung bzw. kurzen Ansprache an alle Betroffenen begonnen werden. Essenziell ist auch die Bereitstellung von Informationen zur aktuellen Sicherheitslage. Des Weiteren ist die Sorge um Angehörige groß, die noch in Gefahr sein können, und Vermisstenfälle müssen möglichst engmaschig begleitet werden.

Betrachtet man nun noch die Gruppe der besonders vulnerablen Personen, so fallen auch hier Besonderheiten in der Betreuung auf. Vor allem nicht entscheidungsfähige Personen sollten bestenfalls in einer 1:1-Betreuung begleitet werden. Ist das nicht möglich, so sind eine oder mehrere Aufsichtspersonen für eine Gruppe zwingend erforderlich. Insbesondere bei Kindern ergeben sich besondere Betreuungs- und Begleitungsbedarfe, denen altersgerecht begegnet werden muss. Auch für Jugendliche gilt die Aufsichtspflicht, solange keine geeignete Aufsichtsperson mit an der Akutbetreuungsstelle ist. Personen mit körperlichen oder geistigen Einschränkungen benötigen oftmals besondere Unterstützung bei der Verrichtung alltäglicher Dinge und ggf. auch medizinische Hilfsmittel, die sie eventuell aufgrund der Einsatzlage nicht primär bei sich haben. Bei einem akuten oder langfristigen Pflegebedarf muss entsprechend interveniert werden. Dazu kann ein Bedarf an (lebenswichtigen) Medikamenten gehören, die die Betroffenen nicht bei sich haben und die schnell aus einer Apotheke oder dem Krankenhaus zugeführt werden müssen.

2.4 Selbsthilfe der Bevölkerung

Der Begriff Bevölkerungsschutz umschreibt alle Aufgaben und Maßnahmen des Bundes im Zivilschutz sowie der Kommunen und Länder im Katastrophenschutz. Der Zivilschutz ist in § 1 Zivilschutz- und Katastrophenhilfegesetz (ZSKG) und im Artikel 73 des Grundgesetzes (GG) geregelt. Hierbei soll die Zivilbevölkerung vor kriegsbedingten Gefahren geschützt werden. Eine der Aufgaben des Zivilschutzes ist der Selbstschutz der Bevölkerung. Auf der anderen Seite steht der Katastrophenschutz, der in Friedenszeiten die Gefahrenabwehr bei Katastrophen übernimmt.

Neben dem Zivilschutz und dem Katastrophenschutz des Bundes und der Länder ist es ebenso wichtig, dass jeder Einzelne eine Vorsorge für Katastrophenfälle trifft und die Bürger sich in gewissem Maße selbst helfen können. Das gilt auch für uns als Einsatzkräfte, die wir auch Privatpersonen sind. Die Breitenausbildung der Bevölkerung im Selbstschutz und der Selbsthilfe gehört zu den wichtigen Aufgaben des Bevölkerungsschutzes. Zu unterscheiden sind hierbei der Selbstschutz, der verhindern soll, dass man selbst in gefährlichen Situationen ist oder bleibt, sowie die Selbsthilfe, die einen, wenn man sich der gefährlichen Situation nicht entziehen kann, befähigt, sich selbst zu helfen, bis man anderweitige Hilfe erhält. Neben der Vorbereitung von materiellen Ressourcen ist es auch wichtig, sich Wissen zur Selbsthilfe durch Schulungen und Ratgeber anzueignen. Zusätzlich zur Hilfe für sich selbst kann es wichtig sein, auch hilfsbedürftige Familienmitglieder, Freunde und Nachbarn zu unterstützen oder, wenn möglich, auch seine eigene Arbeitskraft den eingesetzten Rettungs- und Hilfskräften anzubieten.

Das Kapitel soll uns Einsatzkräfte vorbereiten und uns Informationen vermitteln, die wir an andere weitergeben können, um bestmöglich auf Notlagen vorbereitet zu sein.

Zu den essenziellen materiellen Ressourcen, die jeder für sich selbst vorhalten sollte, gehören ausreichende Vorräte an Lebensmitteln und Getränken. Deren Bevorratung sollte für zehn bis vierzehn Tage – angepasst an die Zahl der im Haushalt lebenden Personen – ausreichen. Auch besondere Ernährung muss bevorratet werden, beispielsweise Nahrung für Diabetiker oder Säuglingsnahrung. Zu bedenken ist, dass es gegebenenfalls zu einem Energiemangel oder -ausfall kommen kann, sodass Lebensmittel nicht gekühlt und auch nicht auf dem Herd oder im Ofen zubereitet werden können. Gegebenenfalls kann es sinnvoll sein, sich Gedanken über die Anschaffung eines Campingkochers zu machen.

Zusätzlich zum Trinkwasser sollte man an Wasser für die Basishygiene denken, wie Händewaschen oder Zähneputzen. Sollte es zu einem länger andauernden Ausfall der Wasserversorgung kommen, muss man – solange es noch möglich ist – das Wasser in großen Gefäßen sammeln und dann mit dem bevorrateten Wasser möglichst sparsam umgehen. Die Haltbarkeit dieses Wassers kann mit einem Wasserfilter und Wasserreinigungstabletten aus der Apotheke oder dem Campingbedarf deutlich verlängert werden.

Wichtig sind außerdem Medikamente und medizinische Artikel wie Verbandmaterial. Zusätzlich zu den eigenen verschriebenen Medikamenten, die immer in ausreichender Zahl vorhanden sein sollten, kann es auch sinnvoll sein, eine Hausapotheke mit den wichtigsten Medikamenten, zum Beispiel Schmerz- und fiebersenkende Mittel und Elektrolyte, zu Hause zu haben. Diese Hausapotheke sollte verschlossen sein oder zumindest außerhalb der Reichweite von Kindern aufbewahrt werden.

Im Fall eines länger andauernden Stromausfalles gilt es zu bedenken, dass die Heizung, das Licht sowie die Küchengeräte ausfallen können. Mit warmer Kleidung oder einer alternativen, stromlosen Heizquelle kann die Raumtemperatur gesichert werden. Um weiterhin Licht im Haushalt zu haben, bieten sich Kerzen oder batteriebetriebene Lampen an. Zusätzlich ist es wichtig, essenzielle elektronische Geräte aufgeladen und auch eine Ersatzladung in einer bestenfalls solarfähigen Powerbank zur Verfügung zu haben.

Generell ist es sinnvoll, bei Bedarf schnell Zugriff auf die wesentlichen Dokumente im Haushalt zu haben. Dazu sollten diese in einer Mappe aufbewahrt werden, die schnell zugänglich ist. Wenn man die Wohnung eilig verlassen muss, kann man diese Mappe mitnehmen und hat so alles Wichtige dabei. Zu den essenziellen Unterlagen zählen Familienurkunden, Zeugnisse, wichtige Verträge, Bescheinigungen, die Ausweisunterlagen sowie der Impfpass.

Neben der Dokumentenmappe ist auch ein sogenanntes Fluchtgepäck eine gute Vorbereitung. Bestenfalls passen die für einige Tage notwendigen Dinge pro Person in einen Rucksack.

Informationen und Wissen sind stets die wichtigste Grundlage, um auch oder besonders in kritischen Situationen die richtigen Entscheidungen treffen zu können. Hierzu ist es notwendig, stets die neuesten Warnmeldungen der aktuellen Lage zu empfangen und zu hören. Im Fall eines Stromausfalls können sowohl das Internet als auch der Handyempfang ausfallen und so bleibt das analoge Radio die Informationsquelle der Wahl in Notsituationen. Vorbereitend kann man sich ein batteriebetriebenes oder ein Kurbelradio anschaffen.

Im Rahmen der Selbsthilfe gilt es auch, einmal die bauliche Sicherheit des Hauses oder der Wohnung, in der man lebt, genauer zu betrachten. Sowohl das Dach als auch die restliche Außenanlage sollte gegen Orkane und Stürme gesichert sein. Bei Hochwasser kann es zu aufsteigendem Abwasser kommen, für das es gesonderte Absicherungen gibt oder eine Tauchpumpe zum Auspumpen überfluteter Räume sinnvoll ist. Auch die Elektroversorgung sollte abgesichert sein. Zusätzlich gehört die Heizungsanlage zu den Dingen der baulichen Sicherheit, die überprüft werden muss. Es gibt in Deutschland zahlreiche gefährdete Gebiete, in denen sich eine Vorbereitung besonders lohnt. Jedoch kann es sicherlich überall zu solchen Not- und Zwischenfällen kommen und eine Vorsorge ist immer ratsam. Ein Angebot ist ein durch das BBK gefördertes Programm „Erste Hilfe mit Selbstschutzinhalten“ (EHSH), das die Hilfsorganisationen in Kursen für die Bevölkerung anbieten. Hier werden neben den normalen Erste-Hilfe-Maßnahmen auch weitere Selbstschutzinhalte vermittelt und die Resilienz gestärkt.

Neben den materiellen Dingen, die zu einer guten Vorbereitung gehören, ist auch das richtige Wissen überlebenswichtig. Das richtige Verhalten bei Gewitter, Unwetter oder Hochwasser draußen oder zu Hause ist ebenso bedeutsam wie die sicheren Verhaltensweisen nach dem Erlebten.

Auch Feuer stellt für uns eine große Gefahr dar. Gerade was den Brandschutz angeht, gibt es einige sinnvolle Hilfsmittel, wie Rauchmelder oder Feuerlöscher, die Leben retten können. Auch die Flucht- und Rettungswege zu kennen, ist im Notfall lebensrettend. Im Brandfall ist es zumeist nicht ratsam, den Brand selbst zu bekämpfen, sondern sich selbst und andere in Sicherheit zu bringen und auf die Feuerwehr zu warten.

Zu guter Letzt bleiben Gefahren durch chemische, biologische oder radiologische Gefahrstoffe. In diesem Fall ist es besonders wichtig, auf die Informationen der Behörden zu achten und entsprechend zu handeln.

Die Ausbildung und Wissensvermittlung im Sinne des Selbstschutzes von Erwachsenen ist essenziell. Jedoch können auch Kinder altersentsprechend ausgebildet werden und so im Not- oder Krisenfall richtig handeln. Hierbei helfen zum Beispiel kindgerechte Programme wie das Bildungsangebot zum Thema Selbstschutz des BBK mit dem Namen „Max und Flocke". Für weiterführende Informationen zu diesen Vorbereitungen und Vorsorgemaßnahmen bietet sich der „Ratgeber Notfallvorsorge" des BBK (2019) sowie deren Website als weitere Lektüre an.

2.5 Stufenkonzept der Betreuung nach KatS DV 600

Bei Bewegungen großer Bevölkerungsgruppen wird deren Betreuung in unterschiedlichen Phasen (Abb. 1) mit entsprechend unterschiedlichem Umfang der Maßnahmen durchgeführt. Alle Betreuungsmaßnahmen dienen dabei nicht nur dem primären humanitären Ziel der adäquaten Unterbringung und Versorgung der betroffenen Personen, sondern ermöglichen durch ihren logisch aufeinanderfolgenden Aufbau den erforderlichen Zeitgewinn, den die staatlichen und kommunalen Akteure benötigen, um die Maßnahmen der jeweils folgenden Phase vorzubereiten. Dabei muss mit Überschneidungen zwischen den Phasen gerechnet und diese in die personelle und materielle Disposition einbezogen werden.

Zu beachten ist, dass für eine erfolgversprechende Einsatzabwicklung das zielgerichtete Zusammenspiel der Aufgabenfelder des Betreuungsdienstes von großer Bedeutung ist. Einsatzplanung und -durchführung müssen daher darauf ausgerichtet sein, alle drei Elemente mit gleicher Gewichtung zu betrachten.

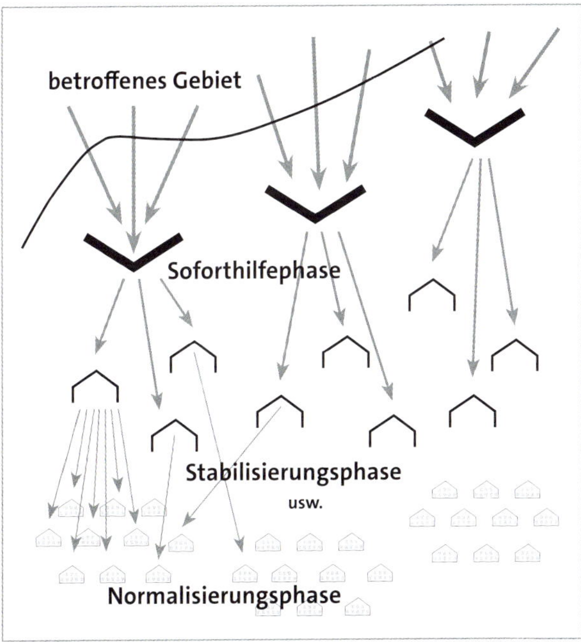

Abb. 1: Phasen des Stufenkonzepts der Betreuung nach KatS DV 600

Aufgabenfelder des Betreuungseinsatzes sind nach DRK-Dienstvorschrift 600 (2017):

Betreuungsmanagement im Vorfeld eines Einsatzes:

- personelle und materielle Ressourcen erschließen
- einsatztaktische und logistische Planungen
- Vereinbarungen mit Veranstaltern vorbereiten
- Einsatzpläne erstellen.

Betreuungsmanagement bei der Einsatzabwicklung:

- Einsatzkoordination
- bedarfsgerechtes administratives Bereitstellen von Personal und Material

- laufende Lageermittlung, -bewertung und Dokumentation (Meldung)
- situationsgerechte, lageabhängige Maßnahmen veranlassen
- Kooperation mit anderen Diensten und Organisationen sicherstellen.

Betreuungslogistik:

- Zubereitung und Ausgabe von Verpflegung (Warmverpflegung) für Betroffene und Einsatzkräfte
- Beschaffung und Transport von Ge- und Verbrauchsgütern
- Unterkünfte errichten und betreiben.

Soziale Betreuung:

- Bedürfnisse und Probleme der Betroffenen erkennen, angemessen darauf reagieren und ggf. fachliche Hilfe anfordern
- psychische Erste Hilfe (BiA, PSNV) leisten
- adäquate Information der Betroffenen
- situationsbezogene Beratung anbieten
- in Stresssituationen beruhigen
- medizinisch-pflegerische sowie hygienische Probleme erkennen, angemessen reagieren, Erstmaßnahmen einleiten und ggf. Fachkräfte anfordern
- Betroffene registrieren und Verbleib dokumentieren
- Fachkräfte der unterschiedlichen Disziplinen unterstützen und bei der Wahrnehmung ihrer Aufgaben beistehen
- Betroffene mit Gütern des dringenden Bedarfs gemeinsam mit der Betreuungslogistik versorgen.

Soforthilfephase

Unmittelbar nach einem Ereignis wird es erforderlich sein, unverletzt betroffene Personen kurzfristig außerhalb eines Schadensgebietes für einen Zeitraum von einem bis zu mehreren Tagen zu betreuen, bis eine geordnete Rückkehr in die ursprünglichen Wohnungen oder aber eine Weiterleitung möglich ist. Hier sprechen wir auch von der sogenannten Sofortbetreuung. Dazu kann auf bestehende Betreuungskonzepte der Länder und Hilfsorganisationen zurückgegriffen werden.

Diese Soforthilfephase ist durch den stellenweisen ungeordneten Zustrom von Hilfesuchenden in großer, schwer abzuschätzender Anzahl gekennzeichnet. Die Betreuungsmaßnahmen beschränken sich nur auf das Notwendigste („Abwenden der Not Hilfesuchender"). Die betroffenen Personen werden hierzu in der Nähe des Schadensgebietes oder der Orte, in denen sie das Bundesgebiet erreicht haben, an Anlaufstellen zusammengeführt und es werden individuelle Betreuungsbedarfe festgestellt (Kap. 3). Sie werden, wenn erforderlich, medizinisch versorgt, notdürftig untergebracht und verpflegt sowie registriert. Die betroffenen Personen werden in der Regel zunächst mobil zusammengeführt (Anlaufstelle an Einsatzfahrzeugen), anschließend in halbmobilen Einrichtungen (Sammelplatz bzw. Betreuungsstelle je nach länderspezifischer Benennung). Hierbei handelt es sich zumeist um Liegenschaften, die üblicherweise einem anderen Zweck dienen, aber durch zugeführtes Gerät und Verbrauchsmaterial kurzfristig für diesen Zweck umgewidmet werden können. Dazu bieten sich beispielsweise Schulen oder Turnhallen an. Betrieben wird die Einrichtung – neben dem Einsatz lokaler Verwaltungskräfte – insbesondere durch die im betroffenen Gebiet oder in der Nachbarschaft verfügbaren Einsatzkräfte des Betreuungsdienstes und Einheiten des Katastrophenschutzes. Gegebenenfalls können auch im Konzept „Labor Betreuung 5.000“ beschriebene Ressourcen unterstützend eingesetzt werden.

Einige Bundesländer haben vorbereitete Einsatzfahrzeuge für die durch die Katastrophenschutzeinheiten einzurichtenden Anlaufstellen beschafft. Diese verfügen über Schnellaufbaupavillons und Kennzeichnungsmaterial; die Fahrzeuge können nach Aufbau der Anlaufstelle für den Transport gehbehinderter oder von auf Rollstühle angewiesene Betroffenen zu den nachfolgenden Sammelplätzen eingesetzt werden. Ansonsten geschieht der Transfer zwischen den Anlaufstellen und den Sammel-/Betreuungsplätzen unter Begleitung von Einsatzkräften durch die Einsatzorganisationen selbst oder durch gecharterte Omnibusse oder bei kurzen Entfernungen auch zu Fuß. Der Einsatz von Omnibussen bietet den Vorteil, dass bereits an der Anlaufstelle der Ab- und Zufluss an Betroffenen gesteuert werden kann. Damit kann sichergestellt werden, dass nicht einzelne Sammelplätze „überlaufen“ werden und andere leer bleiben. Es kann bereits beim Einstieg in den Omnibus und während der durch Einsatzkräfte begleiteten Fahrt die Erstregistrierung auf einer Begleitkarte stattfinden, was dann die Aufnahmeprozedur am Sammelplatz beschleunigt – es muss lediglich eine Durchschrift der Begleitkarte abgegeben werden. Dem Führungspersonal des Sammelplatzes steht damit durch Zählung der eingesammelten Durchschriften jederzeit ein Überblick über dessen Belegung zur Verfügung. Die umfassende, heute in der Regel EDV-gestützte weitere Registrierung auf einer Ausweis-/Bezugskarte kann dann anschließend in Ruhe erfolgen.

Beachtet werden muss bereits in der Planungsphase, dass auch während der Verlegung der betroffenen Personen von den Einrichtungen der kurzfristigen Betreuung zu den Aufnahmeeinrichtungen neben Lenkungsmaßnahmen auch betreuungsdienstliche Maßnahmen erforderlich sind, die entsprechend ausgestattete und ausgebildete Einheiten voraussetzen. Dies muss bei der Kräftedisposition und -anforderung berücksichtigt werden.

Die Sammelplätze, stellenweise je nach Landesvorgaben auch Betreuungsplatz genannt, werden in planerisch vorbereiteten Liegenschaften in aller Regel durch Einheiten des Katastrophenschutzes aufgebaut und betrieben. Nordrhein-Westfalen hat hierfür beispielsweise sogenannte Betreuungsplatz-Bereitschaften (BtPlBer 500) ausgeplant, bei denen zwei Einsatzeinheiten, geführt durch eine Führungsstaffel, einen Betreuungsplatz für ca. 500 Betroffene betreiben können.

Der Aufenthalt der einzelnen Betroffenen in Anlaufstellen und Sammelplätzen soll einen Zeitraum von 24 bis 36 Stunden, im Bedarfsfall wenige Tage nach Eintritt des Schadensereignisses nicht übersteigen. Die Soforthilfephase selbst kann aber lageangepasst über einen langen Zeitraum aufrechterhalten bleiben. Die Anlaufstellen und Sammelplätze werden dabei immer wieder – nach Zuführung von Verbrauchsmaterial und personeller Ergänzung der Einsatzkräfte – neu belegt. Sie dienen damit neben der Unterstützung und Betreuung der Betroffenen insbesondere als zeitlicher und räumlicher „Puffer", der es den zuständigen Behörden ermöglicht, die in der folgenden Stabilisierungsphase benötigten Einrichtungen vorzubereiten und belegungsreif zu machen.

Die Einrichtungen für den Aufenthalt der Betroffenen in der Soforthilfephase sind konzeptionell für die Betreuung einer großen Anzahl von Menschen ausgelegt.

Stabilisierungsphase

Zeitgleich zur anlaufenden Soforthilfephase sind planerisch vorbereitete Aufnahmeeinrichtungen in sicheren Gebieten außerhalb des Schadensgebietes bzw. von kriegerischen Auseinandersetzungen herzurichten, ggf. neu einzurichten und zu betreiben. Diese Aufnahmeeinrichtungen (Notunterkünfte) dienen in ihrer Gesamtheit der Unterbringung von mehreren tausend Menschen für einen mittelfristigen Zeitraum von mehreren Wochen bis zu einem Jahr.

In dieser sogenannten Stabilisierungsphase sollen verbesserte Lebensverhältnisse für die Betroffenen erreicht werden. Soweit Betroffene nicht in ihre Wohnungen zurückkehren können oder bei Verwandten oder Bekannten aufgenommen werden können, verbleiben sie planmäßig und geordnet in Unterkünften, die sich an übliche Wohn- und Lebenssituationen annähern (z. B. Unterbringung im Familienverbund). Die externe Lebensmittelversorgung und auch die Nutzung von gemeinschaftlichen Sanitäreinrichtungen wird jedoch weiterhin zunächst die Regel sein. Ortsfesten Unterkünften (z. B. Hotels, einzurichtende Gemeinschaftsunterkünfte) ist hierfür der Vorzug zu geben. Zeltgestützte mobile bzw. halbmobile Einrichtungen (z. B. eine Einrichtung nach dem dann vorteilhafterweise in mehrere Teile aufzugliedernden Konzept „Labor Betreuung 5.000“) sollen nur die (kurzfristige) Ausnahme sein. Sie sind jedoch insbesondere für den Fall vorzuplanen, dass ortsfeste Infrastrukturen nicht zur Verfügung stehen oder zerstört sind.

Die Stabilisierungsphase soll gegenüber der Soforthilfephase der Verbesserung der Unterbringung der Hilfesuchenden sowie der Intensivierung der Betreuungsmaßnahmen dienen. Hohe Aufmerksamkeit ist dabei auf besonders vulnerable Bevölkerungsgruppen zu legen (Kranke, Menschen mit Behinderungen, ältere Menschen, Kinder und Jugendliche außerhalb eines Familienverbunds); diese sind, soweit eine Betreuung in der Unterkunft nicht sicher gewährleistet ist, in Regeleinrichtungen zu überführen und dort unterzubringen. Die Stabilisierungsphase kann unter diesen Bedingungen über viele Wochen aufrechterhalten bleiben. Die Größe der Wohneinrichtungen in der Stabilisierungsphase soll deutlich unter der der Soforthilfephase bleiben und zur Verbesserung der Einbindung in das soziale Umfeld ca. 100 Bewohner pro Einrichtung nicht übersteigen.

Normalisierungsphase

Nach der Soforthilfephase und der Stabilisierungsphase folgt abschließend die Normalisierungsphase. Zeitgleich mit der Stabilisierungsphase muss mit den Planungen und dem Bau dauerhaften Wohnraums begonnen werden, um den betroffenen Personen, die nicht in ihre Heimatgemeinden zurückkehren können, die Möglichkeit zu eröffnen, zu einem späteren Zeitpunkt wieder ein selbstbestimmtes Leben unter normalen Umgebungsbedingungen zu führen.

Diese Normalisierungsphase umfasst eine Annäherung an die üblichen Lebensverhältnisse vor Eintritt des Schadensereignisses sowie eine endgültige Unterbringung und Versorgung. Betreuungsmaßnahmen bleiben im Wesentlichen noch erforderlich für die Hilfesuchenden, die ihre normalen Lebensbedingungen noch nicht wieder selbst herstellen können. Die Phase ist daher zeitlich unbegrenzt und endet erst, wenn alle betroffenen Personen endgültig in normale Lebensbedingungen (Wohnungen) umquartiert werden konnten. Die Betreuung zielt hierbei schwerpunktmäßig auf die Beratung der Hilfesuchenden hinsichtlich ihrer Rückkehr zu einer normalen Lebensführung ab. Untergebracht werden Betroffene im Familienverbund mit jeweils eigener Sanitärversorgung und Kochmöglichkeit für die Familien.

Aufnahmeeinrichtungen zur kurzfristigen Unterbringung in der Soforthilfephase: grundlegende Überlegungen

Die kurzfristige Unterbringung betroffener Personen in der Soforthilfephase hat das Ziel, das Überleben der Betroffenen sowie eine Daseinsvorsorge auf minimalem Niveau sicherzustellen. Hierzu gehört die physische Sicherheit der betroffenen Personen durch ein geschütztes Obdach, Wärme, Wasser, Verpflegung und eine medizinische Grundversorgung. Diese Sicherheit basiert auf der Maslowschen Bedürfnispyramide (Abb. 2). Die Darstellung hat jedoch den Nachteil,

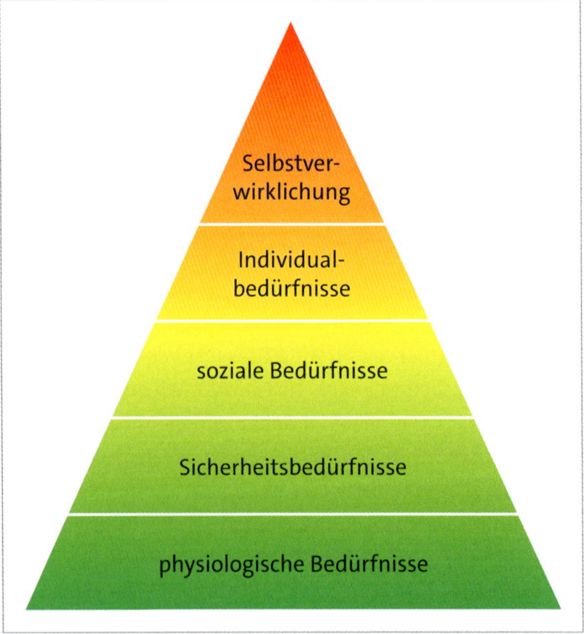

Abb. 2: Bedürfnispyramide nach Maslow mit den fünf Stufen der Bedürfnisse

dass sie suggeriert, die einzelnen Bedürfnisse würden hierarchisch aufeinander folgen und „höhere" Bedürfnisse würden erst manifest, wenn die grundlegenderen Bedürfnisse voll erfüllt sind. Dies entspricht jedoch nicht den heutigen Erkenntnissen der Psychologie. Vielmehr wird heute ein eher dynamisches Modell verwendet, was deutlicher macht, dass die einzelnen Bedürfnisse dynamisch ineinander übergehen. Überlappungen sind dabei möglich und zu einem Zeitpunkt oft mehrere Bedürfnisse aktiv (aus verschiedenen Kategorien). Diese Auffassung wird von den Autoren präferiert.

Einsatzplanung und -durchführung müssen daher die parallele Befriedigung der jeweiligen Bedürfnisse berücksichtigen. Dabei soll der Aufenthalt der betroffenen Personen in Aufnahmeeinrichtungen der Soforthilfephase zeitlich so kurz wie möglich gehalten werden, um die Einrichtungen rasch für eine weitere erneute Belegung verfügbar zu haben. Außerdem kann in der nachfolgenden Stabilisierungsphase umfassender auf die Bedürfnisse der Betroffenen eingegangen werden als in der Soforthilfephase.

Liegenschaften

Neben der Nutzung vorhandener und herzurichtender ortsfester Einrichtungen (Säle, Turnhallen, Kirchenräume) ist auch auf die Möglichkeit der kurzfristigen freiwilligen Unterbringung Betroffener in Privathaushalten hinzuweisen. Die Erfahrung zeigt, dass dies auch bereits in der Soforthilfephase erfolgen kann, insbesondere aber für die Stabilisierungsphase eine wesentliche Ressource darstellt. Soweit Betroffene in Privathaushalten untergebracht werden, ist durch den Betreuungsdienst ein Versorgungssystem einzurichten, das die Wohnungsinhaber und die dort wohnenden Betroffenen mit zusätzlichen Hilfsmitteln (z. B. Betten) ausstattet und auch eine regelmäßige zusätzliche Versorgung mit Verpflegungsgütern (sowohl in Naturalien als auch z. B. durch Barmittel für den erforderlichen Einkauf) und anderen Versorgungsartikeln (Hygieneartikel, Verbrauchsmaterial) sicherstellt.

Einrichtungen für eine kurzzeitige Unterbringung in mobilen Systemen sind konzeptionell so auszustatten, dass auch im Winter bzw. bei schlechter Witterung eine geschützte Unterbringung möglich ist. In der heutigen Zeit gehört auch eine Ausstattung mit den üblichen Einrichtungen der Kommunikations- und Informationstechnik dazu, wie Lademöglichkeit für Mobiltelefone und freie WLAN-Verfügbarkeit. Hierzu kann vorteilhafterweise die Hilfe von Initiativen wie den regionalen „Freifunk"-Gruppen gesucht werden (z. B. haben in der Flüchtlingsnothilfesituation 2015 Freifunk-Initiativen in großem Umfang Flüchtlingsunterkünfte mit WLAN ausgestattet).

Um einen effizienten und zeitnahen Aufbau dieser Einrichtungen zu ermöglichen, sollen im Vorfeld schon entsprechende Objekte identifiziert werden. Besonders zu betrachten ist dabei die Größe der Liegenschaft sowie die räumliche Aufteilung und Möglichkeit der Raumnutzung (z. B. durch Umstellen von bestehenden Möbeln o. Ä.).

Besonders schutzbedürftige Gruppen und Menschen mit besonderem Hilfebedarf werden in der Regel in Einrichtungen der Soforthilfephase nicht angemessen versorgt und betreut werden können; sie sind daher ohne weitere Verzögerung in ortsfeste Einrichtungen in den Aufnahmegebieten der Stabilisierungsphase weiterzuleiten. Soweit sie von Personen begleitet werden, die mit ihrer Betreuung vertraut sind, sollen sie von diesen nicht getrennt werden.

Familienzusammenführung

Getrennte Familien werden in der Soforthilfephase in der Regel nicht zusammengeführt. Der Registrierung der Betroffenen kommt jedoch in dieser Phase eine große Bedeutung zu, damit in der späteren Stabilisierungsphase die getrennten Familien baldmöglichst zusammengeführt werden können. Daher sollten die zu betreuenden Personen schon zu diesem Zeitpunkt auf bestehende Angebote der Personenauskunft und des DRK-Suchdienstes hingewiesen werden.

2.6 Einordnung der Sofortbetreuung an Einsatzstellen

Wenn wir einen größeren Einsatz von Beginn an betrachten, so führt ein Ereignis (z. B. ein Unfall, Notfall, Unwetter) zum Notruf. Der Notruf wird aufgenommen und entsprechend den erhaltenen Informationen werden die benötigten Einsatzkräfte und Einsatzeinheiten entsandt. Die ersteintreffenden Einsatzkräfte geben nun eine erste Rückmeldung und bereits zu diesem Zeitpunkt können Nachalarmierungen sinnvoll sein. Finden sich dann alle alarmierten Einsatzkräfte am Einsatzort ein und ist eine Lageerkundung erfolgt, kommt es ggf. noch einmal zu einer Nachforderung. Da solch ein größerer Einsatz immer ein dynamisches Geschehen ist, bleiben die Lageerhebung und ggf. notwendige Nachsteuerung zentrale Bestandteile des gesamten Einsatzes.

Je nach Einsatzbild sind zur Bearbeitung dieses Einsatzes verschiedene Einheiten vor Ort beschäftigt. Neben der Polizei und der Feuerwehr sowie ggf. einer zusätzlichen Gefahrgut- bzw. Dekontaminationseinheit sind auch Kräfte des

Rettungsdienstes und/oder Bevölkerungs-/Katastrophenschutzes im Einsatz. Jede Einheit hat ihre zugewiesene Aufgabe, in der sie spezialisiert ist. Neben dem Rettungsdienst oder ggf. der Behandlungseinheit sind auch Transportkomponenten mit vor Ort. Für alle Betroffenen, die nicht verletzt sind, gibt es den Betreuungsdienst.

Bis alle Einheiten – die im Bevölkerungs-/Katastrophenschutz oftmals ehrenamtlich besetzt sind – vor Ort und einsatzbereit sind, vergehen je nach Bereich bis zu zwei Stunden. Vor Ort befinden sich nicht nur Verletzte und Erkrankte, die sofort eine medizinische Versorgung benötigen, sondern oftmals deutlich mehr unverletzte Betroffene. Auch diese sollten von Beginn an eine Art Betreuung und Begleitung erhalten, die jede Einsatzkraft, soweit es die personellen Ressourcen und Prioritäten zulassen, leisten kann – auch wenn es sich nicht um den eigentlichen Betreuungsdienst handelt. Diese Menschen haben mitunter neben der Verpflegung und Unterkunft weitere spezielle Bedarfe, die durchaus auch zeitkritisch sein können. Je früher diese aufgenommen und Maßnahmen in die Wege geleitet werden, desto schneller können sie erfüllt werden.

Mobilitätseingeschränkte Betroffene, die sonst keine weitere medizinische Versorgung benötigen, werden im Rahmen eines Einsatzes oftmals gelb triagiert, da sie definitionsgemäß nicht gehfähig sind (ein Grund, weshalb diese Einteilung auch kritisch betrachtet wird). Somit belasten sie unnötigerweise ein System, das mit Verletzten und Erkrankten bereits ausgelastet ist, und werden zu Patienten, die sie eigentlich nicht sind. Diese Betroffenen können mit der richtigen Abfrage der Bedarfe und deren schneller Erfüllung besser im (Sofort-)Betreuungssetting begleitet werden als am Behandlungsplatz oder gar dem Krankenhaus.

Allgemein deckt die Sofortbetreuung nur akute Bedarfe ab und ersetzt weder eine mittel- bis langfristige Betreuung durch den Betreuungsdienst oder später die Gemeinde, Kommune oder Stadt selbst noch muss sie zwingend von einem Betreuungsdienst durchgeführt werden. Der gesamte Einsatz profitiert davon, wenn die notwendigen Maßnahmen frühzeitig erfasst und ggf. organisiert bzw. begonnen werden, sodass diese dann nahtlos an den Betreuungsdienst übergeben werden können.

Wie einfach diese Bedarfe und zugehörige Maßnahmen festgestellt und bearbeitet werden können, finden Sie im folgenden Kapitel erklärt, das sich mit der Betreuungsbedarfserhebung und -leistungssteuerung (BiA) beschäftigt.

3 Betreuungsbedarfserhebung und -leistungssteuerung

Groß dimensionierte Schadenslagen in der heutigen Zeit können eine Vielzahl an Betroffenen fordern. Naturkatastrophen wie Hochwasser, Sturmlagen oder extremer Schneefall, industrielle Störfälle wie Stromausfälle, durch Personen verursachte Notlagen wie Anschlags- und Amoklagen, aber auch Zivilschutzlagen verursachen spontan eintretende Bedrohungen und Schäden, die davon betroffene Menschen derart schädigen, dass sie akuter Hilfe bedürfen und oftmals auch mittel- und langfristig Unterstützungsleistungen benötigen. Die zunehmende Konzentration der Bevölkerung auf große Städte und der demografische Wandel mit einhergehend vielen Einzelhaushalten sind weitere Faktoren, die die Akutbetreuung unmittelbar beeinflussen. Dabei sollte selbstverständlich sein, dass alle Betroffenen zeitgleich entsprechend ihrem Versorgungsbedarf angemessene Hilfe erhalten müssen.

Dieser Anforderung stellt unsere Gesellschaft ein leistungsfähiges Hilfeleistungssystem gegenüber, das in der Akutphase derartig großer Einsatzlagen jedoch personell sowie bezüglich der Ressourcen überfordert ist. Grundsätzlich kann gesagt werden, dass je größer die Schadenslagen und Betroffenenzahlen sind, desto größer sind auch die Versorgungslücken in der Akutphase der Ereignisse. Antwort hierauf müssen Versorgungsstrategien der kurzzeitigen Mangelversorgung sein, die als Herausforderung für alle Einsatz- und Führungskräfte im örtlichen und überörtlichen Einsatz umzusetzen sind.

Ein Beispiel hierfür sind die auf katastrophenmedizinischen Strategien basierenden MANV-Konzepte in Deutschland. Aufgrund eines lagebedingten Missverhältnisses zwischen einer Vielzahl an Patienten mit unterschiedlichem medizinischen Versorgungsbedarf und den Ressourcen in der medizinischen Versorgungskette muss von dem sonst geltenden Ziel, möglichst die individualmedizinische präklinische und klinische Versorgung für erkrankte und verletzte Betroffene sicherzustellen, beim MANV abgewichen werden. Aufgabe ist, durch Priorisierung der Versorgungsinhalte für alle Patienten zeitgleich eine angemessene medizinische Versorgung zu ermöglichen. Das Werkzeug hierfür ist der medizinische Sichtungsprozess, bei dem Patienten Sichtungskategorien zugeordnet werden und damit Behandlungsinhalte definiert sind. Schließlich benötigen vital bedrohte Patienten schnellstmögliche ärztliche Versorgung und rettungsdienstlichen Transport in ein Krankenhaus, während leicht verletzte/erkrankte Betroffene vielleicht Erste Hilfe benötigen, um dann später hausärztlich versorgt werden zu können. Bei Weitem sind nicht alle Betroffenen in katastrophalen Lagen derart verletzt oder erkrankt, dass sie rettungsdienstlich versorgt in ein Krankenhaus gebracht werden müssen. Vielmehr ist festzustellen, dass die Mehrzahl der Betroffenen dieser Lagen einen Betreuungsbedarf haben, der vielfältiger nicht sein kann.

Hinzu kommt, dass Menschen möglicherweise aufgrund ihrer allgemeinen Lebenssituation und/oder wegen bereits bestehender Einschränkungen schon vor einem solchen Ereignis auf Hilfe angewiesen waren, diese aber in der Akutphase des Ereignisses nicht erhalten können. Auch für die Sicherstellung der Betreuung Betroffener in Großschadenslagen gilt der Ansatz, dass alle Betroffenen zeitgleich Anrecht auf eine angemessene Betreuung haben. Ziel des Hilfeleistungseinsatzes schon in der Akutphase muss daher eine betroffenenorientierte, angemessene Betreuung sein. Bisher fehlte ein Verfahren ähnlich der medizinischen Sichtung zur Priorisierung von Versorgungsinhalten der Betreuung bei einem Massenanfall Betroffener mit Betreuungs-

Abb. 3: Logo des Projektes „Betreuungsbedarfserhebung und -leistungssteuerung in der Akutphase von Einsatzlagen“ (BiA)

bedarf in der Akutphase einer großen Schadenslage. Aus diesem Grund hatte bereits im Jahr 2017 die Deutsche Gesellschaft für Katastrophenmedizin auf dem Europäischen Katastrophenschutzkongress in Berlin angekündigt, dieses Verfahren in einem Projekt zu entwickeln. Um das Projekt interdisziplinär anzugehen, wurden Persönlichkeiten aus unterschiedlichen Einsatzorganisationen unter Einbezug unterschiedlicher Fachlichkeit aus den Fachbereichen Betreuung, PSNV, Rettungsdienst, Katastrophenschutz, technischer Hilfe und Einsatzmanagement angesprochen und zu einem Projektteam zusammengeführt, das im Juli 2018 die Arbeit begann. Ziel dieses Projektes war die Entwicklung einer Betreuungsbedarfserhebung in der Akutphase von Schadenslagen mit einer Vielzahl von Betroffenen. Hierdurch sollte ermöglicht werden, schnellstmöglich Betreuungsbedarfe und Versorgungsinhalte der Betroffenen einer Großschadenslage zu überblicken und in der Form zu priorisieren, dass jede betreuungsbedürftige Person eine angemessene Betreuung in der Akutphase erhält und eine fortgeführte individuelle standardisierte Betreuung eingeleitet werden kann. Mit der entwickelten Betreuungsbedarfserhebung – inklusive der Leistungssteuerung und bestehend aus Leitfragen, einem Sichtungsalgorithmus und der Priorisierung in Betreuungsleistungskatalogen – wurde noch im Jahr 2018 bundesweit allen Erbringern von Betreuungsleistungen im Bevölkerungsschutz, in der Wohlfahrtspflege und der Sozialarbeit ein Beurteilungswerkzeug für die Akutphase zur fachlichen Lagebewertung und Einsatzablauforganisation im Rahmen der Bewältigung von Einsatzlagen mit großen Betroffenenzahlen zur Verfügung gestellt.

3.1 Betreuungsbedarfe, Betreuungsleistungen und BiA-Systembeschreibung

Der Bedarf der Betreuung ergibt sich aus der Grunderkrankung, der körperlichen Einschränkung oder der situativen Lage. Die Betreuungsleistungen sind wiederum die auf die Voraussetzungen folgenden Maßnahmen, die aufseiten der Einsatzkräfte und später ggf. der Sozialfürsorge ergriffen werden müssen oder zumindest so in die Wege geleitet werden sollen, dass sie zeitnah die Bedarfe der Betroffenen befriedigen.

Betreuungsbedarfe

Bei den Betreuungsbedarfen unterscheiden wir verschiedene Kategorien von Bedarfen.

1. Sofortbedarf
2. besonderer Bedarf
3. Grundbedarf
4. kein Bedarf

Diese Bedarfsstruktur ist bereits priorisiert.

Wie der Name sagt, sind Sofortbedarfe diese, die sofort befriedigt und versorgt werden müssen. Die hierzu notwendigen Ressourcen sind zumeist an der Einsatzstelle bzw. der Betreuungsstelle vorhanden und können dem Betroffenen sofort zur Verfügung gestellt werden.

Danach folgen die besonderen Bedarfe. Hierbei handelt es sich um Bedarfe, die nicht für jeden Betroffenen gelten und oftmals gerade in der Anfangszeit der Inbetriebnahme einer Akutbetreuungsstelle durch die Betreuungseinheiten der Hilfsorganisationen nicht im Blick der Einsatzkräfte sind.

Die Grundbedarfe ergeben sich aus normalen Bedarfen, die jeder Mensch mitbringt.

Es ist auch möglich, dass Betroffene keine Bedarfe haben. Sie können dann nach einer genauen Prüfung sowie einer Absprache mit Führungsstrukturen die Betreuungsstelle verlassen und nach Hause oder zu Freunden und Familie zurückkehren.

Um die Bedarfe festzustellen, wurden Leitfragen erarbeitet, die helfen sollen, diese zu erheben und gesammelt Maßnahmen in die Wege zu leiten:

Leitfragen Sofortbedarfe (SO 1 – SO 5):

- Benötigt die betroffene Person sofortige notfallmedizinische Versorgung?
- Friert die Person, oder verfügt sie nicht über witterungsangemessene Kleidung?
- Ist die Person außerhalb von Gebäuden oder umfriedeten Gelände akut gefährdet?
- Ist unmittelbare personelle oder technische Unterstützung der Mobilität oder bei Handlungen nötig?
- Ist unmittelbare personelle oder technische Unterstützung aufgrund einer Eigen- oder Fremdgefährdung nötig?

Leitfragen besondere Bedarfe (BE 1 – BE 6):

- Zeigt die Person eine akute psychische Verletzung oder Hilflosigkeit?
- Ist die Person ein unbegleitetes Kind oder Jugendlicher ohne Kontakt zum bestellten Betreuer?
- Fehlen verordnete Medikamente oder Heilmittel, ohne die ein Gesundheitsschaden droht?
- Fehlen verordnete Pflegeleistungen, ohne die ein Gesundheitsschaden eintritt?
- Hat die Person besondere Ernährungsanforderungen für die mittel- und langfristige Versorgung?
- Vermisst die Person eine ihr bekannte andere Person?

Leitfragen Grundbedarfe (GR 1 – GR 4):

- Besteht ein ereignisbezogener Bedarf einer temporären Aufenthaltsmöglichkeit?
- Besteht ein ereignisbezogener Bedarf an der Bereitstellung von Sanitär- und Hygieneeinrichtungen?
- Besteht ein ereignisbezogener Bedarf an Erstverpflegung?
- Besteht ein ereignisbezogener Bedarf an der Bereitstellung von Erstinformationen?

Mit diesen Leitfragen, die sich auch auf der für den Einsatzdienst vom Projektteam entwickelten Taschen- bzw Anhängekarte für Betroffene befinden, kann der Bedarf schnell abgefragt und notiert werden. Somit erhalten sowohl der Betroffene eine Aufstellung, die ihn bei der Weiterversorgung ähnlich einer Verletztenanhängekarte begleitet, als auch die Einsatzkräfte eine Liste, auf der sie die Bedarfe in Zahlen notieren und veranlassen bzw. weiterleiten können.

Betreuungsleistungen

Mit den Betreuungsbedarfen ergeben sich entsprechende Betreuungsleistungen, die die Bedarfe befriedigen sollen. In der gleichen Struktur wie die Fragen ergeben sich nun folgende Betreuungsleistungen:

Sofortleistungen (SO 1 – SO 5) sind:

- lebensrettende Sofortmaßnahmen, Erste Hilfe, Alarmierung des Rettungsdienstes
- Bereitstellung von fehlender oder situations- und wettergerechter Kleidung sowie Wärmeerhalt
- Sicherstellung einer personen- und situationsgerechten Unterbringung (Schutz/Sicherheit – warm/trocken)
- Akutversorgung bei körperlicher Einschränkung, z. B. mit einem Rollstuhl oder einer Gehhilfe sowie einer Begleitung
- Akutversorgung bei geistiger Einschränkung im Sinne beispielsweise einer 1:1-Direktbetreuung.

Besondere Betreuungsleistungen (BE 1 – BE 6) bestehen aus:

- Einleitung bzw. Zuführung psychosozialer Notfallversorgung (PSNV)
- Sicherstellung von Aufsicht und altersgerechter fachlicher Betreuung
- Sicherstellung der Versorgung mit verordneten Medikamenten und medizinischen Leistungen
- Sicherstellung der fachlichen Versorgung mit verordneten Pflegeleistungen
- Einleitung der Versorgung mit besonderen Ernährungsanforderungen
- Erfassung vermisster Personen und Einleitung der Suche z. B. durch Polizei, Suchdienst usw.

Betreuungsleistungen der Grundbedarfe (GR 1 – GR 4) sind:

- Betrieb einer temporären Aufenthaltsmöglichkeit
- Bereitstellung von Sanitär- und Hygieneeinrichtungen
- Bereitstellung von lageangemessener Erstverpflegung und Getränken
- Bereitstellung von lageangepasster Erstinformation und von Kommunikations- sowie Informationsmitteln.

Für die Registrierung und Erhebung der Bedarfe ist eigenes Personal notwendig. Je nach Betreuungsstelle und Zugangsmöglichkeiten sind vermutlich zwei bis vier Einsatzkräfte für die Bedarfserhebung und Registrierung einzuplanen bzw. abzustellen. Dabei muss es sich nicht zwangsläufig um Personen aus der Betreuungseinheit handeln. Nach einer kurzen Einweisung in die Anhängekarten und die Bedarfserhebung können auch andere Einsatzkräfte, die aktuell nicht gebunden sind, die Erhebung unterstützen. Die sofortige Sicherstellung der Ressourcen oder des Personals, um all die benötigten Maßnahmen sofort zu ergreifen, ist sicherlich nicht in jedem Einsatzszenario von Anfang an gegeben. Wichtig für die weitere Versorgung ist aber das frühe Sammeln dieser Informationen und eine Weitergabe an die Einsatzleitung, sodass die benötigten Maßnahmen zeitnah ausgeführt werden können. Einige Bedarfe ziehen sich hier sicherlich auch in die mittel- und langfristige Versorgung.

Eine besondere Herausforderung, die über das Maß einer normalen Akutbetreuungsstelle hinausgeht und besondere organisatorische Maßnahmen erfordert, sind pflegerische Maßnahmen, die Versorgung mit (medizinischen) Hilfsmitteln sowie lebenswichtigen, in der Notfallmedizin nicht üblichen Medikamenten. Auch eine Direktbetreuung von gefährdeten Personen kann nur mit ausreichend personellen Ressourcen umgesetzt werden.

BiA-Systembeschreibung

Betrachten wir nun den Algorithmus zur standardisierten Betreuungsbedarfserhebung Schritt für Schritt, zeigt sich die einfach umzusetzende Struktur dieses Arbeitsmittels. Jeder Betroffene, der an einem Sammelplatz oder in einer Akutbetreuungsstelle angetroffen wird, soll mithilfe des BiA-Algorithmus (Abb. 4) nach seinen individuellen Bedarfen gefragt und gleichzeitig registriert werden.

Mit den Leitfragen der Sofortmaßnahmen wird der Sofortbedarf ermittelt und erfasst. Danach folgen die Leitfragen zu besonderen Bedarfen, deren Antworten ebenfalls erfasst werden. Abschließend werden die Grundbedarfe abgefragt und erfasst. Sollten dabei alle Frageblöcke mit

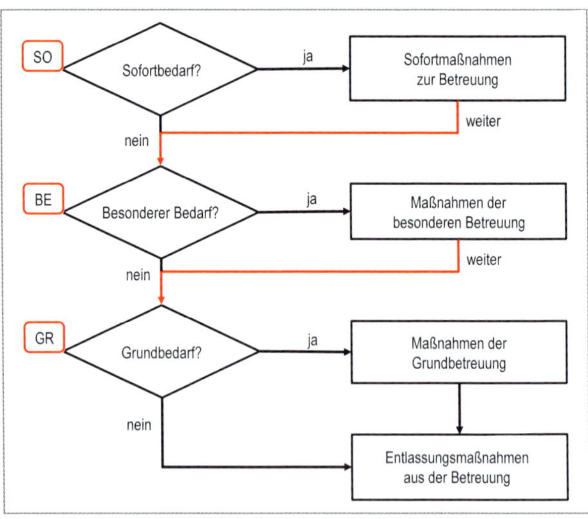

Abb. 4: BiA-Algorithmus

„Nein“ beantwortet werden, kann auch „kein Betreuungsbedarf“ festgestellt und die Person ggf. aus der Akutbetreuungsstelle entlassen werden.

Die Ergebnisse der individuellen Befragungen müssen für alle Betroffenen aufsummiert werden und dienen als Planungsgrundlage für den Betreuungseinsatz sowie zur Ressourcenanforderung bei Rückmeldungen und Einsatzbesprechungen. Um den Ablauf und den Einsatz zu erleichtern,

BIA Taschenkarte für Einsatzkräfte

Deutsche Gesellschaft für Katastrophenmedizin e.V.

Betreuungsbedarf mit diesen Leitfragen ermitteln

Leitfrage	Zuordrung	Bedarfszählung/Strichliste
Benötigt die betroffene Person sofortige notfallmedizinische Versorgung?	SO 1	
Friert die Person, oder verfügt sie nicht über witterungsangemessene Kleidung?	SO 2	
Ist die Person außerhalb von Gebäuden/umfriedetem Gelände akut gefährdet?	SO 3	
Ist unmittelbare personelle/technische Unterstützung für Mobilität oder Handlungen nötig?	SO 4	
Ist unmittelbare personelle/technische Unterstützung wegen Eigen- oder Fremdgefährdung nötig?	SO 5	
Zeigt die Person eine akute psychische Verletzung oder Hilflosigkeit?	BE 1	
Ist es ein unbegleitetes Kind oder Jugendlicher ohne Kontakt zum bestellten Betreuer?	BE 2	
Fehlen verordnete Medikamente oder Heilmittel, ohne die ein Gesundheitsschaden droht?	BE 3	
Fehlen verordnete Pflegeleistungen, ohne die ein Gesundheitsschaden eintritt?	BE 4	
Hat die Person besondere Ernährungsanforderungen für mittel- und langfristige Versorgung?	BE 5	
Vermisst die Person eine ihr bekannte andere Person?	BE 6	
Besteht ereignisbezogener Bedarf einer temporären Aufenthaltsmöglichkeit?	Gr 1	
Besteht ereignisbezogener Bedarf an Bereitstellung von Sanitär- und Hygieneeinrichtungen?	Gr 2	
Besteht ereignisbezogener Bedarf an Erstverpflegung?	Gr 3	
Besteht ereignisbezogener Bedarf an Bereitstellung von Erstinformationen?	Gr 4	

Betroffene können einen oder mehrere Betreuungsbedarfe haben

Summe gesehener Betroffener: ______

Abb. 5: Taschenkarte für Einsatzkräfte

gibt es eine BiA-Taschenkarte für Einsatzkräfte und eine BiA-Anhängekarte für Betroffene. Die Taschenkarte kann ausgedruckt in der Einsatzkleidung der Einsatzkräfte mitgeführt und im Einsatzfall schnell zurate gezogen werden. Die Anhängekarte ähnelt einer Verletztenanhängekarte. Nach dem Ausfüllen verbleibt diese bei der betroffenen Person, sodass auch nachfolgende Kräfte schnell sehen, welche Bedarfe versorgt werden müssen.

BiA *Anhängekarte für betroffene Personen*

DGKM Deutsche Gesellschaft für Katastrophenmedizin e.V.

Betreuungsbedarf dokumentieren und Betreuungsleistungen steuern

- Diese Karte verbleibt bei einer betroffenen Person
- Hier unterhalb der roten Linie Personeninformationen eintragen
- Den ermittelten Betreuungsbedarf im entsprechenden Feld ankreuzen
- Im weiteren Versorgungsverlauf den Stand der Betreuungsleistungen auf der Rückseite dieser Karte eintragen

Informationen zur betroffenen Person:

Personenerfassung:

Name:__________ Vorname:__________

Geb. am:__________ Erreichbarkeit:__________

Angehörige vor Ort:__________

Kontaktperson:__________

Erreichbarkeit:__________

Festgestellter Betreuungsbedarf:

SO 1	SO 2	SO 3	SO 4	SO 5	
BE 1	BE 2	BE 3	BE 4	BE 5	BE 6
Gr 1	Gr 2	Gr 3	Gr 4		

Abb. 6: Anhängekarte für Betroffene – Vorderseite

Um eine schnelle und gelungene Anwendung des BiA-Algorithmus sicherzustellen, müssen Einsatzkräfte darin geschult werden. Es ist sinnvoll, auch abzuwägen, ob Einsatzkräfte der Polizei oder der (Freiwilligen) Feuerwehr in diese Schulung einbezogen werden, da auch sie mithilfe der Taschen- und Anhängekarte schnell und einfach Personen registrieren und abfragen können. Diese zusätzlichen personellen Ressourcen können bei einer großen Lage entschei-

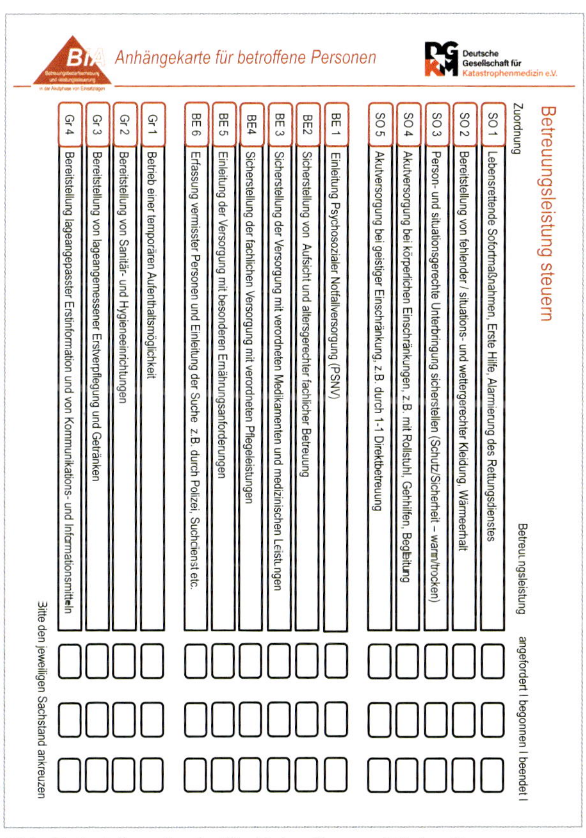

BiA Anhängekarte für betroffene Personen

DGKM Deutsche Gesellschaft für Katastrophenmedizin e.V.

Betreuungsleistung steuern

Zuordnung	Betreuungsleistung	angefordert	begonnen	beendet
SO 1	Lebensrettende Sofortmaßnahmen, Erste Hilfe, Alarmierung des Rettungsdienstes	☐	☐	☐
SO 2	Bereitstellung von fehlender / situations- und wettergerechter Kleidung, Wärmeerhalt	☐	☐	☐
SO 3	Person- und situationsgerechte Unterbringung sicherstellen (Schutz/Sicherheit – warm/trocken)	☐	☐	☐
SO 4	Akutversorgung bei körperlichen Einschränkungen, z.B. mit Rollstuhl, Gehhilfen, Begleitung	☐	☐	☐
SO 5	Akutversorgung bei geistiger Einschränkung, z.B. durch 1-1 Direktbetreuung	☐	☐	☐
BE 1	Einleitung Psychosozialer Notfallversorgung (PSNV)	☐	☐	☐
BE2	Sicherstellung von Aufsicht und altersgerechter fachlicher Betreuung	☐	☐	☐
BE 3	Sicherstellung der Versorgung mit verordneten Medikamenten und medizinischen Leistungen	☐	☐	☐
BE4	Sicherstellung der fachlichen Versorgung mit verordneten Pflegeleistungen	☐	☐	☐
BE 5	Einleitung der Versorgung mit besonderen Ernährungsanforderungen	☐	☐	☐
BE 6	Erfassung vermisster Personen und Einleitung der Suche z.B. durch Polizei, Suchdienst etc.	☐	☐	☐
Gr 1	Betrieb einer temporären Aufenthaltsmöglichkeit	☐	☐	☐
Gr 2	Bereitstellung von Sanitär- und Hygieneeinrichtungen	☐	☐	☐
Gr 3	Bereitstellung von lageangemessener Erstverpflegung und Getränken	☐	☐	☐
Gr 4	Bereitstellung lageangepasster Erstinformation und von Kommunikations- und Informationsmitteln	☐	☐	☐

Bitte den jeweiligen Sachstand ankreuzen

Abb. 7: Anhängekarte für Betroffene – Rückseite

dend sein. Die Schulung sollte etwa 90 Minuten dauern und neben einer Einführung in das System die Anwendung mit Simulationsbetroffenen sowie ein Rollenspiel zum Training der Befragung enthalten.

Die Taschenkarte für Einsatzkräfte zeigt auf der ersten Seite den Algorithmus (Abb. 4) und den Handlungsablauf in kurzen Sätzen. Auf der zweiten Seite stehen die Leitfragen und dahinter ist Platz, um mithilfe einer Strichliste die Bedarfe aufzusummieren (Abb. 5).

Ebenso wichtig wie die Taschenkarte ist die Anhängekarte für Betroffene (Abb. 6 und 7). Auf der Vorderseite findet sich ein Feld zur Registrierung. Unter den Angaben zur Person wird der festgestellte Betreuungsbedarf in zu markierenden Feldern festgehalten. Auf der Rückseite finden sich die Maßnahmen sowie Felder, ob diese Maßnahmen angefordert, begonnen oder erfolgt sind. Diese Anhängekarte soll den regulären Registrierungsunterlagen, die im Einsatzfall ausgefüllt werden müssen, hinzugefügt werden, da sie diese um die bisher fehlenden Angaben zu Betreuungsbedarfen ergänzt.

Für die Besonderheiten der CBRN-Einsätze wurde diese Systematik der Bedarfserhebung angepasst. Das geänderte Frageschema wird in Kapitel 3.2 vorgestellt.

3.2 Besonderheiten des Einsatzes von BiA bei CBRN-Lagen

Einsatzlagen im Bereich einer potenziellen Kontamination mit CBRN-Stoffen (chemisch, biologisch, radiologisch, nuklear) bringen viele Besonderheiten mit sich. Einerseits geht es um die Sicherheit jeglicher Einsatzkräfte, die im Dienst sind, andererseits auch um die Vermeidung jeglicher Kontaminationsverschleppung. Die Zahl der nicht ausreichend geschützten Einsatzkräfte ist im kontaminierten Bereich möglichst gering zu halten und exponierte Personen sind zwingend zu dekontaminieren. Sowohl die sonst übliche sofort zugeführte notfallmedizinische Vollversorgung von Patienten als auch die Betreuung von Betroffenen ist in solchen Einsatzlagen deutlich verzögert und unsere üblichen Vorgehensweisen funktionieren nicht mehr. Besonders dieser Umstand erschwert die Erbringung der Einsatzleistung und verzögert die Rettungskette immens.

Jedoch ist auch in CBRN-Lagen neben der medizinischen Versorgung eine Bedarfserhebung von Betreuungsbedarfen möglichst frühzeitig wichtig, um Maßnahmen veranlassen zu können. Die mit besonderer persönlicher Schutzausrüstung ausgestatteten Einsatzkräfte, die im kontaminierten Bereich der Einsatzstelle arbeiten, sind aufgrund von Aufgabendichte und erhöhter psychischer und körperlicher Belastung zumeist nicht in der Lage, diese Erhebung noch mitzuleisten. Aber auch notwendige Erstmaßnahmen der Betreuung werden nicht erkannt und durchgeführt. Das Vorgehen muss also deutlich vereinfacht und gekürzt werden. Hierfür hat die Arbeitsgruppe auch eine BiA-CBRN-Taschenkarte (Abb. 8) als Weiterentwicklung aufgesetzt (vgl. Schreiber 2023), denn wichtig ist, ein schnelles und leistungsstarkes Instrument zur Bedarfserhebung möglicher Betreuungsleistungen zur Hand zu haben, um gleich tätig zu werden.

Zusätzlich ist für Einsatzkräfte zu berücksichtigen, dass die Verletzten und Betroffenen sich vor einer Dekontamination, die sich zeitlich durchaus lang hinziehen kann und durch die vor Ort Wartezeiten aufkommen, nicht frei bewegen können und so auch dem Impuls der Flucht nicht nachgeben können. Zudem kann die Dekontamination psychisch belastend sein, u. a. da man sich vor fremden Menschen entkleiden muss, um vollständig versorgt werden zu können.

Vor allem im Hinblick auf kulturelle Unterschiede, z. B. religiöse Traditionen, ergeben sich noch weitere Schwierigkeiten.

Nach der Dekontamination bekommen Betroffene die eigene Kleidung und Wertsachen meistens nicht sofort zurück. Vor allem der Verlust medizinischer Hilfsmittel (Gehilfen, medizinische Geräte usw.) muss besonders bedacht und behandelt werden. Auch die Trennung von Familienmitgliedern und Freunden, ohne Informationen zu erhalten, stellt eine große Belastung dar.

Spätestens nach Ende der Dekontamination muss sofort mit den Betreuungsleistungen begonnen werden, um die Belastung möglichst gering zu halten. Mit Anwendung der kurzen Fragen und der Sofortmaßnahmen, die auf der BiA-CBRN-Taschenkarte genannt sind, kann die Zeit, bis die professionelle Betreuung durch Betreuungskräfte aufgenommen werden kann, genutzt werden, um die Betreuungsstelle so zu etablieren, dass all diese Bedarfe gedeckt werden können und sofort mit der Betreuung begonnen werden kann.

Auf dem oberen Drittel der Taschenkarte finden sich Informationen und Hinweise zur Anwendung. Sprechen wir von Betreuungsleistungen in der kontaminierten Zone, dann geht es ausschließlich um dringliche Sofortmaßnahmen. Alle weiteren Betreuungsbedarfe werden erst darauffolgend an der Akutbetreuungsstelle versorgt. Sowohl die Abfrage als auch die Durchführung der Sofortmaßnahmen sind ebenso wichtig wie deren Dokumentation.

Die sieben Leitfragen zur Notwendigkeit von Sofortmaßnahmen der Betreuung vor der Dekontamination lauten:

- CBRN 1: Benötigt die betroffene Person sofortige notfallmedizinische Versorgung?
- CBRN 2: Friert die Person, oder ist sie schamhaft wenig bekleidet?

- CBRN 3: Kooperiert die Person nicht? Besteht Bedarf an ablaufbezogenen Erstinformationen?
- CBRN 4: Zeigt die Person eine akute psychische Belastung, Angst oder Hilflosigkeit? Sind Angehörige der betroffenen Person gerade verstorben?
- CBRN 5: Ist die Person ein Kind/Jugendlicher ohne Kontakt zu den Betreuenden?

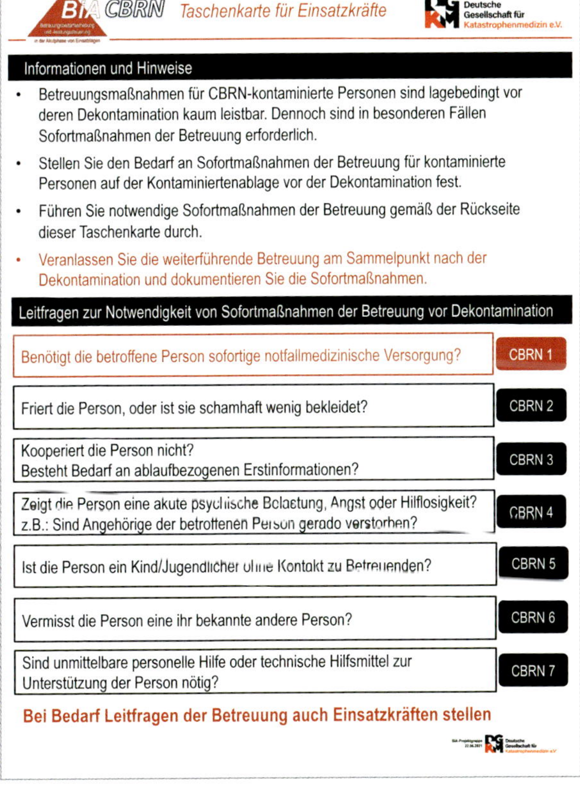
BiA CBRN Taschenkarte für Einsatzkräfte

Deutsche Gesellschaft für Katastrophenmedizin e.V.

Informationen und Hinweise

- Betreuungsmaßnahmen für CBRN-kontaminierte Personen sind lagebedingt vor deren Dekontamination kaum leistbar. Dennoch sind in besonderen Fällen Sofortmaßnahmen der Betreuung erforderlich.
- Stellen Sie den Bedarf an Sofortmaßnahmen der Betreuung für kontaminierte Personen auf der Kontaminiertenablage vor der Dekontamination fest.
- Führen Sie notwendige Sofortmaßnahmen der Betreuung gemäß der Rückseite dieser Taschenkarte durch.
- Veranlassen Sie die weiterführende Betreuung am Sammelpunkt nach der Dekontamination und dokumentieren Sie die Sofortmaßnahmen.

Leitfragen zur Notwendigkeit von Sofortmaßnahmen der Betreuung vor Dekontamination

Leitfrage	
Benötigt die betroffene Person sofortige notfallmedizinische Versorgung?	CBRN 1
Friert die Person, oder ist sie schamhaft wenig bekleidet?	CBRN 2
Kooperiert die Person nicht? Besteht Bedarf an ablaufbezogenen Erstinformationen?	CBRN 3
Zeigt die Person eine akute psychische Belastung, Angst oder Hilflosigkeit? z.B.: Sind Angehörige der betroffenen Person gerade verstorben?	CBRN 4
Ist die Person ein Kind/Jugendlicher ohne Kontakt zu Betreuenden?	CBRN 5
Vermisst die Person eine ihr bekannte andere Person?	CBRN 6
Sind unmittelbare personelle Hilfe oder technische Hilfsmittel zur Unterstützung der Person nötig?	CBRN 7

Bei Bedarf Leitfragen der Betreuung auch Einsatzkräften stellen

Abb. 8: BiA-CBRN Taschenkarte – Vorderseite

- CBRN 6: Vermisst die Person eine ihr bekannte andere Person?
- CBRN 7: Sind unmittelbare personelle Hilfe oder technische Hilfsmittel zur Unterstützung der Person nötig?

Bei Bedarf sind diese Fragen auch an betroffene Einsatzkräfte zu stellen.

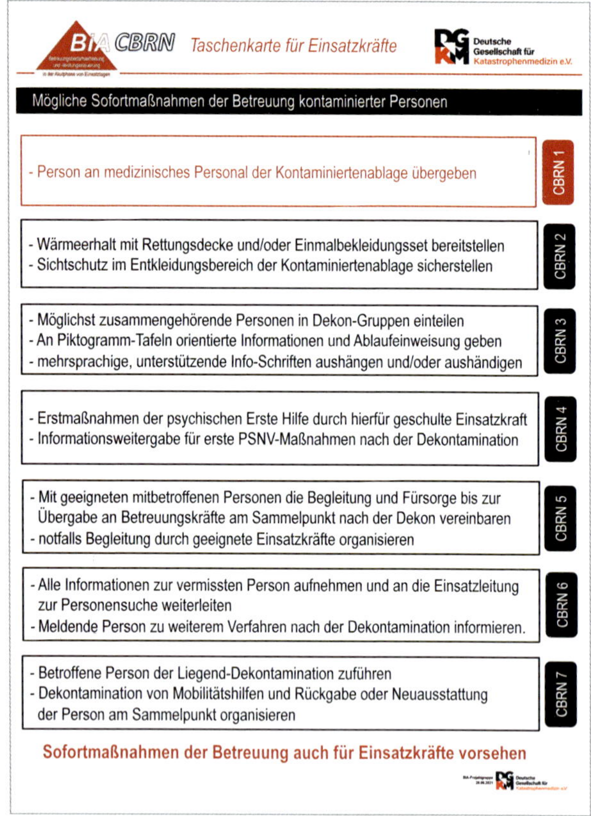

Abb. 9: BiA-CBRN-Taschenkarte – Rückseite

Auf der Rückseite der Taschenkarte (Abb. 9) finden sich die Sofortmaßnahmen, die schnellstmöglich durchgeführt werden sollten, um die Sofortbedarfe zu stillen. Die Auflistung zeigt Maßnahmen, die durchaus auch im kontaminierten Bereich stattfinden können. Bei positiver Feststellung eines Bedarfs gilt entsprechend der Ziffern auf der Vorderseite die jeweilige Maßnahme oder die jeweiligen Maßnahmen:

- CBRN 1: Person an medizinisches Personal der Kontaminiertenablage übergeben
- CBRN 2: Wärmeerhalt mit Rettungsdecke und/oder Einmalbekleidungssets bereitstellen und ggf. Sichtschutz im Entkleidungsbereich der Kontaminiertenablage sicherstellen
- CBRN 3: Möglichst zusammengehörende Personen in Dekon-Gruppen einteilen; für bessere Verständigung mit Personen, die eine andere Sprache sprechen, an Piktogrammtafeln orientierte Informationen und Ablaufeinweisungen sowie mehrsprachige Informationsschriften aushändigen
- CBRN 4: Erstmaßnahmen der psychischen Ersten Hilfe durch hierfür geschulte Einsatzkraft (Basisschulung) sowie Informationsweitergabe für erste PSNV-Maßnahmen nach Dekon-V
- CBRN 5: Mit geeigneten mitbetroffenen Personen die Begleitung und Fürsorge bis zum Ausgang der Dekontamination vereinbaren sowie notfalls Begleitung durch geeignete Einsatzkräfte organisieren
- CBRN 6: Alle Informationen zur vermissten Person aufnehmen und an die Einsatzleitung zur Personensuche weiterleiten sowie meldende Person zu weiterem Verfahren nach der Dekontamination informieren

- CBRN 7: Betroffene Person der Liegend-Dekontamination zuführen und die Dekontamination von Mobilitätshilfen sofort veranlassen, sodass es zu einer Rückgabe oder auch Neuausstattung am Sammelpunkt kommen kann.

Wenn die Dekontamination abgeschlossen ist und sich die betroffenen Personen am Sammelplatz befinden, beginnt der eigentliche BiA-Prozess im Rahmen der Registrierung in der Betreuungsstelle durch geschulte Einsatzkräfte oder Mitglieder des Betreuungsdienstes.

3.3 Vorteile der Priorisierung von Betreuungsleistungen gegenüber dem Standardleistungskonzept

Ähnlich der Priorisierung in der Notfallmedizin ist es auch bei der Betreuung unverletzt Betroffener essenziell, zu Beginn die Betreuung zu priorisieren. Zu Beginn einer akuten Betreuungslage sind weder ausreichend personelle noch materielle Ressourcen in der Fülle vorhanden, dass alle Bedarfe sofort gedeckt werden können. Mit der in BiA entwickelten Priorisierung ist es möglich, besonders eilige Sofortmaßnahmen zu erfassen und schnellstmöglich zu ergreifen. Diese sind oftmals überlebenswichtig und mit verhältnismäßig einfachen Mitteln umzusetzen, wie dem Verbringen in Sicherheit, Wärmeerhalt, Erste Hilfe sowie Unterstützung bei eingeschränkter Mobilität oder Eigen-/Fremdgefährdung. Die in BiA genannten Grundbedarfe, an die zuletzt gedacht wird, entsprechen den Standardleistungen eines Betreuungsdienstes – Unterkunft, Hygiene und Sanitär, Verpflegung und Information. Diese werden spätestens an der Akutbetreuungsstelle sichergestellt. Sind die

Sofortmaßnahmen ergriffen, ist es jedoch auch wichtig, auf besondere Bedarfe, die gegebenenfalls nicht dem normalen Betreuungseinsatz entsprechen, einzugehen. Um diese auch außerhalb der eigenen Einheiten zu veranlassen, ist eine frühe Erfassung und Weitergabe notwendig.

In den Standardkonzepten zum MANV gibt es keine standardisierte Erfassung von Betreuungsbedarfen, was das Steuern der Betreuungsleistungen schwierig und langwierig macht. Besondere Bedarfe werden oftmals nur zufällig durch Nachfrage der Betroffenen erfahren und dann muss vor Ort spontan versucht werden, die Bedarfe zu decken. Ohne Vorlauf müssen Betroffene deshalb oft lang warten, bis ihnen geholfen werden kann. Auch die Bereitstellung und Nachforderung von benötigtem Material und Personal ist ohne eine umfassende Erst- und spätere Folgeerhebung nicht zielgerichtet möglich und lässt einen Abschnitts- oder Einsatzleiter nie vor die Lage kommen.

4 Einrichtungen zur Betreuung Betroffener an der Einsatzstelle

4.1 Soforthilfephase

Die Soforthilfephase verfolgt das Ziel, das Überleben der nicht (lebensbedrohlich) verletzten Betroffenen sowie eine Daseinsvorsorge auf minimalem Niveau sicherzustellen. Hierzu gehört die physische Sicherheit der betroffenen Personen durch ein geschütztes Obdach, Wärme, Wasser, Verpflegung und eine – ggf. rudimentäre – medizinische Akutversorgung. Dies geschieht grundsätzlich in einer Gliederung von Anlaufstelle und Sammelplatz, die gleichzeitig auch den zeitlichen Ablauf der Betreuung vorgibt. Weitere Gesichtspunkte sind in Kapitel 2.5 erläutert.

4.2 Ziele für die Planung von Anlaufstellen

Am Konzeptbeispiel aus Nordrhein-Westfalen ist zu erkennen, wie die Anlaufstelle sich in den Versorgungsverlauf von verletzten, erkrankten und betroffenen Personen im Umfeld des Einsatzortes einbindet (Abb. 10).

Es muss davon ausgegangen werden, dass die betroffenen Personen zunächst unorganisiert um Hilfe nachsuchen. Damit wird es unumgänglich sein, medizinische und psychosoziale/betreuungsdienstliche Hilfen parallel anzubieten. Eine geordnete „Querverbindung" zwischen der Anlaufstelle des Betreuungsdienstes und der Patientenablage des Sanitätsdienstes ist daher erforderlich, um die Menschen je nach Maß ihres Bedarfs der geeigneten Einrichtung zu übergeben. Die Grundsätze der medizinischen Sichtung einerseits und der Betreuungssichtung andererseits müs-

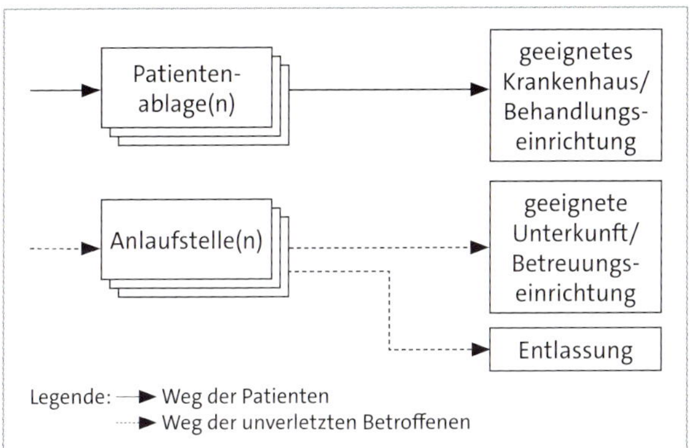

Abb. 10: Versorgungsverlauf nach Landeskonzept NRW

sen daher sowohl an der Patientenablage des Sanitätsdienstes bzw. Rettungsdienstes als auch an der Anlaufstelle des Betreuungsdienstes beherrscht und erfüllt werden.

Für die Einrichtung einer Anlaufstelle ist mindestens eine Betreuungsstaffel 1/5/6 mit einem Betreuungskombi notwendig. Der Betreuungskombi bietet zunächst den auch nach außen für betroffene Personen erkennbaren Anlaufpunkt; er soll so rasch wie möglich z. B. durch einen Zeltpavillon o. Ä. ersetzt werden. Die Ausstattung mit Betreuungsrucksäcken ermöglicht es, dass ein Trupp der Staffel auch abgesetzt von der Anlaufstelle eingesetzt werden kann, um z. B. gehbehinderten Personen auf dem Weg zur Anlaufstelle zu helfen oder Schiebehilfe für Rollstühle zu leisten.

4.3 Ziele für die Planung von Sammelplätzen / Betreuungsstellen

Sammelplätze/Betreuungsstellen werden in möglichst vorerkundeten und vorgeplanten festen Baulichkeiten eingerichtet. Ihre Binnenstruktur richtet sich nach der Gliederung, wie sie in Abbildung 11 dargestellt ist.

Um einen effizienten und zeitnahen Aufbau dieser Einrichtungen zu ermöglichen, sollen im Vorfeld entsprechende Liegenschaften/Objekte identifiziert werden. Sinnvoll ist, die notwendigen materiellen Ressourcen bereits an diesen Orten eingelagert vorzuhalten; alternativ bietet es sich an, bezogen auf diese Liegenschaften das Material zentral auf Abrollbehältern oder im Palettensystem bereitzustellen, um es im Einsatzfall kurzfristig zum Ort zu bringen. Für den Betrieb eines Sammelplatzes/einer Betreuungsstelle ist eine „Einsatzkräftequote" von Betroffenen zu Einsatzkräften von ca. 10 : 1 (einschl. Führungs-, Funktions- und Unterstützungskräften) zu kalkulieren. Dies erfordert für den soge-

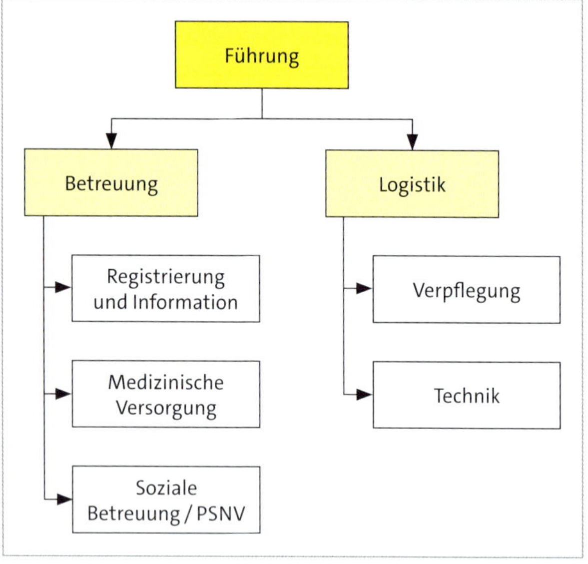

Abb. 11: Komponenten der Betreuungsstelle nach Landeskonzept NRW

nannten Betreuungsplatz 500, also für 500 Betroffene, den Einsatz von zwei Einsatzeinheiten sowie einer Führungsstaffel.

- Aufnahme und Registrierung erfolgen regelrecht nach Maßgabe der im jeweiligen Bereich eingeführten Systeme, die Abgabe der erforderlichen Informationen an den DRK-Suchdienst möglichst online ist sichergestellt.
- Die medizinische Versorgung der zu betreuenden Personen im Sinne einer hausärztlichen Versorgung ist sichergestellt.
- Patienten, die einer weitergehenden medizinischen Versorgung bedürfen, werden an den Rettungsdienst oder andere Versorgungseinrichtungen übergeben.
- Die soziale Betreuung der betroffenen Personen inkl. PSNV im Sinne einer Erstversorgung sowie Unterstützung besonders hilfsbedürftiger Personen ist gesichert.
- Der Betrieb von Aufenthalts-, Ruhe- und ggf. PSNV-Zonen (ggf. differenziert nach Gruppen von besonders hilfsbedürftigen Personen) sowie von Ausgabestellen für Verpflegung und Gegenstände des dringenden täglichen Bedarfs erfolgt bedarfsorientiert und -angepasst.
- Die Bereitstellung und Ausgabe von Verpflegung und Getränken und Heranführung von Verbrauchsgütern für den alltäglichen Bedarf erfolgt bedarfs- und vorsorgeorientiert.
- Die fortlaufende technische Unterstützung in allen Aufgabenbereichen des Betreuungsplatzes (einschl. der Aufenthalts- und Ruhezone für die Einsatzkräfte) sowie Infrastruktur des Betreuungsplatzes ist sichergestellt.

5 Checkliste Betreuungsdienst zur praktischen Implementierung

5.1 Checkliste „Sofortbetreuung an Einsatzstellen“

A – Vorbeugung

Nr.	Prüffrage	Ja	Nein	Maßnahme: wer, was, bis wann
A 1	**Resilienz im Bereich Personalwesen**			
A 1.1	Habe ich grundlegend eine Zwei- bzw. Dreifachbesetzung meiner Einheit?			
A 1.2	Bestehen Vereinbarungen mit anderen Helfern/Einheiten bezüglich Unterstützungsmöglichkeiten?			
A 1.3	Gibt es in irgendeiner Form ungebundene Helfer, die ich einsetzen kann und darf?			
A 2	**Resilienz bezüglich Alarmierungswesen**			
A 2.1	Habe ich eine zweite Alarmierungsmöglichkeit, falls eine ausfällt?			
A 2.2	Habe ich eine ausfallsichere Alarmierungsmöglichkeit oder Vorabsprachen im Einsatzfall?			
A 3	**Resilienz im Betrieb der Unterkunft/ Wache**			
A 3.1	Ist meine Unterkunft/Wache unter allen Bedingungen zugänglich?			
A 3.2	Ist die alternative Zugangs-/Ausrückmöglichkeit allen Helfern bekannt?			
A 4	**Resilienz bezüglich des Materials**			
A 4.1	Habe ich eine Ausfalllösung, falls Material fehlt oder defekt ist?			
A 4.2	Können alle Helfer auch mit der Ausfalllösung umgehen?			
A 5	**Resilienz der Bevölkerung fördern (z. B. durch Kursangebote)**			

B – Vorbereitung

Nr.	Prüffrage	Ja	Nein	Maßnahme: wer, was, bis wann
B 1	**Sind meine Einsatzkräfte im Bereich der persönlichen Resilienz ausreichend vorbereitet und geschult?**			
B 2	**Personelle Einsatzvorbereitung**			
B 2.1	Gibt es eine Planung zur Personal- und Funktionsbesetzung in meiner Einheit?			
B 2.2	Habe ich eine Übersicht über Abwesenheiten oder Verhinderung meiner Einsatzkräfte?			
B 2.3	Habe ich ein Konzept, um meine Helfer im Spannungsfeld Familie vs. Einsatzeinheit bestmöglich zu unterstützen?			
B 2.4	Sind meine Einsatzkräfte gut geschult (z. B. MANV und Einsatzbereiche) und einsatzbereit?			
B 3	**Organisatorische Einsatzvorbereitung**			
B 3.1	Haben wir ein SAA/SOP für den Alarmierungsfall ausgearbeitet?			
B 3.2	Sind alle Einsatzkräfte auf die SAA/SOP eingewiesen und geschult?			
B 4	**Materielle Einsatzvorbereitung**			
B 4.1	Sind alle Fahrzeuge und alles Material geprüft, funktionstüchtig und einsatzbereit?			
B 4.2	Sind alle Helfer im Umgang mit dem Material geübt und haben alle nötigen Ein-/Unterweisungen?			

C – Reaktion: Sofortreaktion

Nr.	Prüffrage	Ja	Nein	Maßnahme: wer, was, bis wann
C 1	**Lagefeststellung**			
C 1.1	Ist der Einsatzbereich sicher für uns?			
C 1.2	Habe ich Kontakt zur Einsatzleitung aufgenommen?			
C 1.3	Was ist die erste Lage auf Sicht?			
C 1.4	Welche Ergebnisse bringt meine Erkundung – was ist die erste Lagemeldung?			
C 2	**Beurteilung der Lage & Planung**			
C 2.1	Habe ich ausreichend Kräfte, um die Lage zu bewältigen?			
C 2.2	Habe ich ausreichend und das richtige Material, um die Lage zu bewältigen?			
C 2.3	Muss ich Personal/Einheiten/Material nachalarmieren?			
C 2.4	Wie baue ich meinen Einsatzabschnitt auf und welches Personal/welche Ressourcen setze ich dafür wo ein?			
C 3	**Lagevortrag für die eigenen Einsatzkräfte zur Gesamtlage und dem Aufgabengebiet**			

D – Reaktion: Folgereaktion (z. B. nach Abschluss der Sofortmaßnahmen)

Nr.	Prüffrage	Ja	Nein	Maßnahme: wer, was, bis wann
D 1	**Benötige ich noch spezielle Einsatzkräfte oder Einheiten an der Einsatzstelle zur Unterstützung?**			
D 2	**Registrierung und Betreuungsbedarfserhebung**			
D 2.1	Aus wem setzt sich die Gruppe der Betroffenen zusammen?			
D 2.2	Gibt es unter den Betroffenen spezielle Bedarfe (Ergebnisse BiA)?			
D 2.3	Welche personellen und materiellen Ressourcen benötige ich zur Erfüllung dieser Bedarfe? Habe ich diese Ressourcen oder muss ich nachalarmieren?			
D 3	**Länger andauernde Einsätze**			
D 3.1	Muss ich für eine Ablösung meiner Einsatzkräfte mit nachfolgenden Kräften sorgen?			
D 3.2	Muss ich materielle Ressourcen, die verbraucht sind, nachfordern, um den Einsatz weiter ausführen zu können?			
D 3.3	Gibt es Änderungen der Lage, die ein anderes Handeln erforderlich machen?			

E – Reaktion: Schlussreaktion

Nr.	Prüffrage	Ja	Nein	Maßnahme: wer, was, bis wann
E 1	**Habe ich alle Informationen an meine Nachfolge oder andere Zuständige übergeben?**			
E 2	**Sind all meine Einsatzkräfte bereit zum Abrücken?**			
E 3	**Sind all meine Einsatzmittel wieder im Fahrzeug verstaut/verlastet?**			
E 4	**Gilt es vor dem Einsatzende noch etwas zu bedenken?**			
E 5	**Zurück auf der Dienststelle: kurzes Debriefing mit allen Einsatzkräften und, wenn möglich, gemeinsames Ritual zum Einsatzende**			

F – Nachbereitung

Nr.	Prüffrage	Ja	Nein	Maßnahme: wer, was, bis wann
F 1	**Brauchen meine Einsatzkräfte eine Nachbetreuung (PSNV-E)?**			
F 2	**Material**			
F 2.1	Haben wir alles verbrauchte Material wieder aufgefüllt?			
F 2.2	Haben wir alles defekte Material ersetzt?			
F 3	**Ist unsere Einsatzfähigkeit wieder hergestellt?**			
F 4	**Haben wir alles dokumentiert?**			
F 5	**Fehlt noch etwas, um den Einsatz endgültig abschließen zu können?**			

5.2 Ausführungen zur Checkliste

Für alle Einheitsführer oder auch die einzelne Einsatzkraft gibt es vor dem eigentlichen Alarm einige essenzielle Aspekte, die in der Vorplanung und Vorbereitung beachtet werden müssen. Über den Einsatz hinaus gehört auch die Einsatznachsorge und erneute Herstellung der Einsatzbereitschaft zum Einsatzdienst.

Vorbeugung

Die Vorbeugung richtet sich in allen Fällen auf die Resilienzsteigerung. Im Personalbereich wäre es optimal, eine Zweifach- oder gar Dreifachbesetzung der Positionen einer Einsatzeinheit stellen zu können. Hinsichtlich einer Alarmierung kann so am ehesten sichergestellt werden, dass die Einheit mit vollständiger Besetzung ausrücken kann. Zusätzlich kann es sinnvoll sein, Vereinbarungen mit Helfern anderer Einheiten oder des Rettungsdienstes zu treffen, die im Einsatzfall mitalarmiert werden. Auch das Einbinden ungebundener Helfer (z. B. mit der Unterweisung durch WuKAS [Wissens- und Kompetenzvermittlung im Arbeits- und Gesundheitsschutz bei Spontanhelfern], s. u.) kann die personelle Resilienz steigern.

Auch bezüglich der Alarmierung ist eine Vorbeugung dringend notwendig. Es wäre wichtig, eine Ausfallmöglichkeit der Alarmierung zu schaffen, falls die eigentliche Alarmierung nicht funktionieren sollte. Sollte eine gänzlich ausfallsichere Alarmierung nicht möglich sein, ist es notwendig, mit den Helfern der Einheit Vorabsprachen für den Einsatzfall zu treffen. Hierzu zählen beispielsweise Treffen auf der Wache bei Stromausfall o. Ä.

Der Betrieb einer Wache oder Unterkunft muss vorab ebenfalls bezüglich der eigenen Resilienz geprüft und aktualisiert werden. Hierbei sollte die Frage, ob ein Zugang zur Unterkunft oder Wache jederzeit und unter allen Bedingungen möglich ist, geklärt sein. Insbesondere sollte man prüfen, ob alle Tore sich auch manuell öffnen lassen und ob man Türen und Außentore auch ohne Strom öffnen kann. Sollte es unter gewissen Bedingungen einen alternativen Zugangsweg geben, muss sichergestellt sein, dass er allen Helfern bekannt ist.

Neben der Unterkunft ist auch die Resilienz hinsichtlich des Materials sicherzustellen. Mit einem kleinen Lager an Materialien und Gerätschaften kann sichergestellt werden, dass es eine Ausfalllösung gibt, falls Material fehlt oder defekt ist. Auch hier ist es wichtig, dass die Helfer mit den Ausfalllösungen umgehen können und alle notwendigen Unterweisungen besitzen.

Zuzüglich zur eigenen Resilienz ist es von elementarer Bedeutung, dass auch die Bevölkerung resilient gemacht wird. Hierzu können Einsatzdienste Kursangebote für die Öffentlichkeit stellen, beispielsweise das EHSH-Programm des BBK (Kap. 2.4).

Vorbereitung

Für den konkreten Einsatzfall ist es wichtig, dass auch die eigenen Einsatzkräfte im Bereich der persönlichen Resilienz vorbereitet und geschult sind. Nur wer sich selbst und seine Familie abgesichert weiß, kann voller Konzentration und Engagement in den Einsatz gehen und anderen, fremden Menschen Hilfe leisten.

Für die personelle Einsatzvorbereitung muss eine Planung zur Personal- und Funktionsbesetzung (z. B. Fahrer mit entsprechendem Führerschein oder Personal mit spezieller Fachausbildung) in der Einheit bestehen. Hierzu ist es auch wichtig, eine Übersicht der Abwesenheiten oder Verhinderung der eigenen Einsatzkräfte zu haben. Nur so kann festgestellt werden, ob für den Alarmfall ausreichend Personal zur Verfügung steht. Im Idealfall gibt es in der Einheit Konzepte, um die Helfer und deren Familie im Einsatzfall bestmöglich zu unterstützen (z. B. eine Kinderbetreuung auf der Wache durch die Jugendgruppenleitung oder eine Versorgung der Familien der Einsatzkräfte bei größeren Einsatzlagen). Stetig zu prüfen ist, ob die Einsatzkräfte alle gut und aktuell geschult und trainiert sowie einsatzbereit sind (arbeitsmedizinische Vorsorgeuntersuchungen usw.).

Hinsichtlich der organisatorischen Einsatzbereitschaft sollten vorab Standardarbeitsanweisungen (SAA) bzw. Standard Operation Procedures (SOP) ausgearbeitet werden. Neben der Ausarbeitung und Implementierung ist essenziell, die Einsatzkräfte vor dem Einsatzfall auf diese SAA/SOP einzuweisen.

Bezüglich des Materials sollte stets sichergestellt sein, dass alle Fahrzeuge inklusive des Materials geprüft, funktionstüchtig und einsatzbereit sind. Dazu kommt, dass auch alle infrage kommenden Einsatzkräfte im Umgang mit dem Material geübt sind und alle nötigen Ein- bzw. Unterweisungen haben. Das gilt insbesondere für Medizinprodukte und Gerätschaften.

Reaktion – Sofortreaktion

Im Alarmfall gilt es, einige Sofortreaktionen anzustoßen, die zu jedem Einsatz gehören. Zunächst ist es wichtig, eine Lagefeststellung zu erheben. Die wichtigste Frage hierbei ist, ob der Einsatz sicher für die Einheit bzw. die Einsatzkräfte ist. Sollte das nicht der Fall sein, muss sich mit der entsprechenden Facheinheit und der Einsatzleitung abgestimmt werden. Daraus ergibt sich auch die Folgefrage, ob schon Kontakt mit der Einsatzleitung aufgenommen wurde. Ist das nicht der Fall, muss das unverzüglich nachgeholt werden. Vor Ort wird mit einer ersten Lage auf Sicht begonnen. Nur so kann man einen ersten Eindruck erhalten, wie der Einsatz ablaufen kann und was benötigt wird. Mit diesen Ergebnissen der Erkundung und der Lagemeldung kann der weitere Einsatz nun geplant werden.

In die Beurteilung der Lage und die darauffolgende Planung sollten Fragen einfließen, ob ausreichend Kräfte zur Bewältigung der Lage vorhanden sind und ob die Einheit das richtige und hinlänglich Material mit sich führt. Muss eine dieser Fragen negativ beantwortet werden, muss Personal und Material nachalarmiert werden. Abschließen muss die Planung mit der Überlegung, wie der zu führende Einsatzabschnitt aufgebaut wird und welches Personal und welche materiellen Ressourcen wo und wofür eingesetzt werden.

Die letzte Phase der Sofortreaktion ist der Lagevortrag für die eigenen Einsatzkräfte hinsichtlich der Gesamtlage und dem Aufgabengebiet. Dieses gemeinsame Bild zum Einsatz ist essenziell für eine gute Zusammenarbeit und eine möglichst schnelle und professionelle Bearbeitung.

Reaktion – Folgereaktion

Damit gemeint sind zum Beispiel Reaktionen nach Abschluss der Sofortreaktion oder im Verlauf des Einsatzes.

Im Verlauf des Einsatzes kann es sein, dass man feststellt, dass spezielle Einsatzkräfte oder besondere Einheiten (z. B. die PSNV in einer Betreuungslage) zur Unterstützung nachalarmiert werden müssen. Diese Erkenntnis ist unverzüglich der Einsatzleitung mitzuteilen.

An der Akutbetreuungsstelle müssen die Betroffenen registriert werden. Der Betreuungsbedarf kann mithilfe des

BiA-Systems erhoben werden. Kombiniert man den Registrierungsprozess mit der Betreuungsbedarfserhebung, hat man viele wichtige Informationen in einem Schritt eingeholt und kann schnellstmöglich eine qualifizierte Rückmeldung geben und ggf. weitere Leistungen anfordern. Dabei ist es wichtig, zu betrachten, aus welchen Personen sich die Gruppe der Betroffenen zusammensetzt. Mit den Ergebnissen der Betreuungsbedarfserhebung in der Akutphase können Maßnahmen eingeleitet werden, um die Sofort-, Grund- und besondere Bedarfe zu befriedigen. Sollten sich spezielle Bedarfe ergeben, muss geprüft werden, ob zu deren Erfüllung die nötigen personellen und materiellen Ressourcen bereits an der Einsatzstelle vorhanden sind oder ob an dieser Stelle nachalarmiert werden muss.

Für länger andauernde Einsätze sollte stets bedacht werden, ob und wann die eigenen Einsatzkräfte ab- bzw. ausgelöst werden müssen und ob für deren Nachführung auch gesorgt wurde. Wenn es sich abzeichnet, dass es sich um einen länger andauernden Einsatz handelt, sollte frühzeitig nachalarmiert werden. Mitunter ist die Nachführung von Einsatzkräften und anderen Einheiten mit einem deutlichen Vorlauf nötig. Neben der Zuführung personeller Ressourcen ist es ebenso wichtig, rechtzeitig zu prüfen, ob und, wenn ja, welches Material in welcher Menge nachgeführt werden muss, um den Einsatz weiterhin erfolgreich durchführen zu können.

Im Einsatz versteht es sich von selbst, in regelmäßigen Abständen im Einsatzabschnitt eine neue Lagebeurteilung durchzuführen und diese mit den anderen Lagemeldungen in der Lagebesprechung vorzutragen und abzugleichen. Nur so kann zeitnah auf Änderungen reagiert werden.

Reaktion – Schlussreaktion

Wenn es sich abzeichnet, dass der Einsatz beendet ist, oder insbesondere wenn die Einheit abgelöst wird, ist es wichtig, den derzeitigen Informationsstand und die bisherige Entwicklung möglichst genau zu übergeben. Das sollte mündlich in einer Übergabe erfolgen und, wenn vorhanden, auch mit einer schriftlichen Dokumentation, die der Nachfolgeeinheit (wenn auch nur in Kopie) ausgehändigt wird.

Zeitgleich müssen die eigenen personellen und materiellen Ressourcen gesammelt werden. Alle Einsatzkräfte müssen ihre Tätigkeit beenden oder übergeben und sich zum Abrücken bereit machen. Auch die verwendeten und ausgeladenen Einsatzmittel müssen wieder im Fahrzeug verstaut werden.

Die allgemeine Frage, ob vor Einsatzende sonst noch etwas bedacht werden muss, folgt vor dem eigentlichen Abrücken. Wenn sich dabei ein „Nein" ergibt, dann kann die Einheit gesammelt wieder den Rückweg zur Dienststelle antreten.

Nachbereitung

In den folgenden Stunden oder Tagen ist das oberste Ziel, wieder eine Einsatzbereitschaft herzustellen. Im Sinne der Fürsorge ist es wichtig, nach Einsätzen zu prüfen, ob alle mit dem Erlebten umgehen können. Hierbei gibt es keine Faustformel, wann ein Einsatz für eine Einsatzkraft als belastend empfunden wird oder nicht. Deshalb ist es essenziell, mit den Einzelnen zu sprechen und bei Bedarf auch eine Nachbetreuung für einzelne Helfer oder die gesamte Einheit anzufordern und in Anspruch zu nehmen.

Bezüglich der materiellen Ressourcen müssen das verbrauchte Material wieder aufgefüllt und Gerätschaften wieder in einen betriebsbereiten Zustand versetzt werden.

Defektes Material muss ebenfalls ersetzt werden und für eine Reparatur oder Neubeschaffung gesorgt sein.

Sind sowohl die Einsatzkräfte als auch die Fahrzeuge inklusive des Materials wieder einsatzbereit, muss sich die Einheitsführung die Frage stellen, ob die gesamte Einsatzfähigkeit wieder hergestellt ist. Wenn noch etwas zu tun ist, soll es veranlasst werden. Andernfalls kann die Einheit wieder gemeldet werden.

Wichtig ist, in jedem Einsatz eine genaue Dokumentation zu führen. Neben möglichen Patienten oder Betroffenen, dem eingesetzten Personal sowie dem Materialverbrauch oder Schadensmeldungen werden auch das Lagebild, der Einsatzabschnitt und die Tätigkeit notiert. Sollte es später Rückfragen bezüglich des Einsatzes geben, ist eine ausführliche Dokumentation sowohl rechtlich als auch für die gesamte Einheit unabdingbar.

Zu guter Letzt stellt sich die Frage, ob noch irgendetwas getan werden muss, um diesen Einsatz erfolgreich abschließen zu können. Wenn sich nichts mehr ergibt, ist die Einheit wieder bereit für den nächsten Einsatz.

Mit einer guten Vorbeugung und einer ausführlichen Vorbereitung, wie in der Checkliste beschrieben, kann die Einheit gut in die kommenden Einsätze gehen. Für den Verlauf des Einsatzes erinnert die Checkliste an wichtige Aspekte und unterstützt damit bei der Einsatzbearbeitung. Mit den in der Checkliste genannten beachtenswerten Aspekten bleibt nach Einsatzabschluss und der Nachbereitung die Einsatzeinheit auch langfristig einsatzfähig.

5.3 Praktische Anwendung der Checkliste an einem Einsatzbeispiel

Es gibt eine Vielzahl möglicher Einsätze, in denen ein Betreuungsbedarf entsteht. Es kann sich sowohl um Einsätze mit Verletzten handeln, bei denen für gewöhnlich eine Mehrzahl an (unverletzt) Betroffenen auftritt, als auch Szenarien, in denen ausschließlich Unverletzte zu betroffenen Personen werden. Dabei kann es sich um kleinere bis größere Busunfälle, Einsätze bei Konzerten und großen Veranstaltungen, die witterungsbedingt beendet wurden, Hochhausbrände oder Evakuierungen z. B. aufgrund eines Bombenfunds handeln. Eigentlich gibt es kein Szenario mit vielen Betroffenen, bei dem es nicht notwendig werden kann, eine Betreuungsstelle zu errichten und zu betreiben.

Sowohl das Instrument zur Betreuungsbedarfserhebung „BiA“ als auch die vorgestellte Checkliste sollen alle Einheiten des Katastrophenschutzes sowie die Feuerwehren und die Polizei dazu befähigen, im Einsatzfall schnell und effizient Betreuungsbedarfe zu erheben und mit der Einrichtung einer Betreuungsstelle zu beginnen. Zum weiteren Fortführen der Betreuungsstelle bietet es sich dann sowohl personell als auch materiell an, eine Betreuungseinheit oder SEG Betreuung zur Einsatzstelle hinzuzualarmieren.

Ausgangsszenario

Gehen wir davon aus, dass Sie Einheitsführer einer beliebigen Einheit des Katastrophenschutzes sind. Anhand der Checkliste können Sie vor einer Alarmierung die Vorbeugung und Vorbereitung Ihrer Einheit vornehmen.

Vorbeugung

Beginnen wir mit der Vorbeugung und der Betrachtung zur eigenen Resilienz im Bereich Personalwesen. Können Sie, wenn Sie Ihre Liste der Einsatzkräfte betrachten, sicherstellen, dass es für jede Position eine Doppel- oder gar Dreifachbesetzung gibt? Gehen wir davon aus, dass Ihre Einheit zehn Personen stellen muss. Dann wären im Idealfall, um eine sichere Einsatzbereitschaft herzustellen, mindestens 20 bis 30 Personen auf der Liste der alarmierbaren Kräfte. Sollte dem nicht so sein, prüfen Sie, ob in Ihrer Organisation noch andere Dienste gestellt werden, z. B. der Rettungsdienst oder andere Einsatzdienste, die ggf. auch nicht von der Leitstelle alarmierbar sind. Falls nicht bereits geschehen, sollten Sie sich mit den zuständigen Kollegen abstimmen und Möglichkeiten zur Unterstützung durch andere Helfer und Einheiten vereinbaren. Es kann auch sein, dass Sie ungebundene Helfer für Ihren Einsatzdienst einsetzen können. Diese sind für gewöhnlich auch über Ihre Organisation versichert, sobald Sie mit Ihnen in den Einsatz gehen. Das ist ebenso vorab zu prüfen wie auch die nötigen Unterweisungen und möglichen Einsatzbereiche. So könnte ein ungebundener Helfer Material auf der Wache vorpacken oder in der Logistik unterstützen, jedoch nicht unausgebildet und ohne Einsatzkleidung an den Einsatzort mitfahren. Sollten ungebundene Helfer vor Ort eingesetzt werden, dann kann mithilfe des WuKAS-Systems, das vom Malteser Hilfsdienst und der Bergischen Universität Wuppertal entwickelt wurde, eine kurze Einweisung vor Ort geschehen. Das WuKAS-System ist eine spezielle Sicherheitsunterweisung für ungebundene Helfer mit zusätzlichen Informationen für die Einsatzleitung.

Wenden wir uns nun der Resilienz bezüglich des Alarmierungswesens zu. Prüfen Sie, ob es einen zweiten Alarmierungsweg gibt, falls der übliche Prozess nicht funktioniert.

Für gewöhnlich alarmieren die meisten Einheiten über Funkmeldeempfänger oder über Mobiltelefone. Beides ist störanfällig. Darüber hinaus verfügen vor allem Freiwillige Feuerwehren in ländlichen Gebieten noch über eine Sirenenalarmierung. Wenn Sie über Funkmeldeempfänger alarmieren, kann es sinnvoll sein, auch eine Handyalarmierung hinzuzufügen und andersherum. Sollte es keine ausfallsichere Alarmierung als Rückfallebene geben oder keine angeschafft werden können, treffen Sie Vorabsprachen mit Ihren Einsatzkräften, was in welchem Fall zu tun ist.

Auch im Bereich der Wache oder des Standorts der Einheit gibt es Beachtenswertes. Prüfen Sie, ob Ihre Wache unter allen Bedingungen zugänglich ist. Oftmals sind Tore elektrisch angetrieben und können beispielsweise bei einem Stromausfall nicht mehr geöffnet werden. Es muss für eine Notentriegelung und eine mechanische Möglichkeit der Öffnung gesorgt werden. Gleiches gilt für elektronische Schließsysteme. Wenn es für gewisse Ausfahrttore oder Türen keine Alternativen gibt, muss ein zusätzlicher Zugangs- und Ausrückeweg festgelegt werden, der auch vorab allen Helfern kommuniziert wurde und bestenfalls vor Ort in der Wache aushängt, sodass man unter dem Stress eines Einsatzes nicht überlegen muss, wie das damals erklärt wurde.

Zu guter Letzt ist es auch notwendig, die Resilienz des eigenen Materials zu prüfen. Hierbei sollten Sie sich die Frage stellen, ob es eine Ausfalllösung gibt, falls Material fehlt oder defekt ist. Das kann beispielsweise damit beginnen, dass das Auto oder der Lkw nicht anspringt. Hier ist es eine wertvolle Hilfe, auch auf der Wache ein Starthilfegerät zur Hand zu haben. Darüber hinaus müssen auch alle Einsatzkräfte auf die Ausfalllösung unterwiesen werden.

Neben der eigenen Resilienz ist es sinnvoll, Zeit in die Resilienzförderung der Bevölkerung zu investieren. Das kann durch vielerlei Möglichkeiten passieren. Wenn Sie eine Sanitätseinheit oder SEG Behandlung verantworten, kann Ihre Mannschaft beim Tag der offenen Tür oder anderen Veranstaltungen im Ort Reanimationstrainings oder eine kleine Station für Wundversorgung anbieten. Die Betreuungseinheit oder SEG Betreuung kann Vorträge nach der BBK-Broschüre zur Krisenvorsorge halten. Eine Technikeinheit kann zeigen, wie man sich zu Hause mit Notstrom versorgen kann. Und sollte unter Ihren Einsatzkräften ein Erste-Hilfe-Ausbilder sein, dann bieten Sie die in Kapitel 2.4 erwähnten Kurse an.

Vorbereitung

Bei der Vorbereitung auf mögliche Einsätze stellt sich die Frage, ob die eigenen Einsatzkräfte im Bereich persönlicher Resilienz ausreichend vorbereitet und geschult sind. Nochmal mehr als in der allgemeinen Bevölkerung ist es für einen erfolgreichen Einsatz wichtig, dass die Einsatzkräfte wissen, dass ihr Zuhause und ihre Familie sicher und versorgt sind. Wer gedanklich nicht an der Einsatzstelle ist, kann nicht konzentriert arbeiten und die Unfallgefahr ist ebenfalls deutlich erhöht.

Bezüglich der personellen Einsatzvorbereitung muss die Personalplanung genauer betrachtet werden. Neben der reinen Anzahl an Einsatzkräften gibt es Positionen, die bestimmte Voraussetzungen erfüllen. Dazu zählen beispielsweise Personen mit entsprechendem Führerschein für die Fahrzeuge oder besonderen Fachausbildungen, wie medizinische Qualifikationen. Es ist hilfreich, mit den Einsatzkräften Abwesenheiten und Verhinderungen, die vorab bekannt sind, zusammenzutragen. Nur so hat die Einheitsführung einen Überblick über die Einsatzfähigkeit der Einheit. Es kann, soweit realisierbar, auch wichtig werden, die Einsatzkräfte im Spannungsfeld Familie vs. Einsatzeinheit bestmöglich zu unterstützen. Jemand, der entlastet in der Kinderbetreuung oder der Versorgung der Familie ist und seine Lieben versorgt weiß, kann sich in den Einsatz einbringen. Andernfalls muss er wahrscheinlich zu Hause bleiben und kann nicht mit in den Einsatz. Ebenfalls wichtig ist, dass alle, die in den Einsatz gehen, ausreichend geschult und einsatzbereit sind. Regelmäßige Schulungen sowie qualifizierte Aus- und Fortbildung sind sowohl im Einsatz als auch danach für die Verarbeitung ein Schlüssel für langfristigen Erfolg und Einsatzfähigkeit.

Die organisatorische Vorbereitung ist unerlässlich. Nachweislich ist die Ausarbeitung von Standards und Algorithmen für den Alarmierungsfall sehr entlastend und sie mindern die Fehlerquote. Eine kurze und prägnante Checkliste zum Ausrücken ist schnell erarbeitet und lässt auch unerfahrenere Gruppenführer vorbereitet in den Einsatz starten. Wenn diese SOP/SAA ausgearbeitet sind, müssen alle Einsatzkräfte darauf eingewiesen sein und bestmöglich damit trainiert haben, bevor sie im Einsatz angewandt werden sollen.

Bezüglich des Materials muss vor jedem Einsatz klar sein, dass die Fahrzeuge und das Material geprüft, funktionstüchtig und einsatzbereit sind. Bestenfalls ist das mit Abschluss des letzten Einsatzes oder in regelmäßigen Abständen durch Gruppenabende sichergestellt, sodass ein kurzer Blick auf Fahrzeuge und Material vor dem Ausrücken genügt, um sich zu versichern, dass alles in Ordnung ist. Neben der Aus- und Weiterbildung sind auch alle Einsatzkräfte im Umgang mit dem Material geübt und haben alle notwendigen Ein- und Unterweisungen.

Jetzt sind Sie also einsatzbereit – bestmöglich vorbereitet und bereit für einen möglichen Alarm. Und schon ist es so weit. Der Piepser geht und wir erhalten einen Einsatz.

Alarm

Datum und Uhrzeit: 20. Dezember, 23.55 Uhr
Meldung: Evakuierung Zug auf freier Strecke bei Oberleitungsschaden
Ort: zwischen A-Dorf und B-Dorf, KM 236 der Bahnstrecke von Rom nach München.

Es ist eine kalte Winternacht. Die Außentemperatur beträgt 5 Grad Celsius. Es liegt etwas Schnee auf den Feldern, ansonsten sind die Straßen frei und es ist trocken. Es weht ein leichter Wind aus Osten, der die gefühlte Temperatur bei 0 Grad Celsius hält.

Alarmiert werden: Sie mit Ihrer Einheit, die Freiwilligen Feuerwehren aus A-Dorf und B-Dorf. Ebenfalls alarmiert ist der Organisatorische Leiter Rettungsdienst (OrgL) aus der 40 km entfernten Kreisstadt. Zusätzlich kommt ein Rettungswagen aus dem 20 km entfernten Nachbarort von A-Dorf und B-Dorf zur medizinischen Absicherung. Die SEG Betreuung Ihres Landkreises ist aufgrund der Oberleitungsstörung bereits in einem anderen Einsatz gebunden und kann nicht unterstützen.

Bei dem Zug handelt es sich um einen Nachtzug mit maximal 36 Passagieren im Schlafwagen, 54 Passagieren im ersten und 30 Passagieren im zweiten Liegewagen sowie 66 Sitzplätzen im Sitzwagen. Begleitet wird der Zug von acht Personen des Zugpersonals, inklusive Lokführer und Schaffnern.

Die erste Rückmeldung der Feuerwehr sagt, dass es keine Verletzten gibt, jedoch knapp 200 betroffene Personen, die in dem stromlosen Zug festsitzen.

Nachdem Sie trotz dieser späten Stunde Ihre Einsatzkräfte auf der Wache versammelt haben, alle umgezogen und einsatzbereit sowie die Fahrzeuge und das Material geprüft sind, rücken Sie zum Einsatzort aus. Die Anfahrt dauert ca. 20 Minuten, da Sie bei dieser Witterung und möglicher Rutschgefahr entsprechend angepasst fahren.

Sofortreaktion

Die oben beschriebenen Inhalte des Absatzes zur Sofortreaktion am Einsatzort geben Ihnen hier eine Hilfestellung. Sie beginnen zunächst mit der Lagefeststellung. Bevor die Fahrzeuge vorrücken oder gar jemand die Fahrzeuge verlässt, muss sicher sein, dass die Einsatzstelle sicher ist. Das haben Sie in diesem Einsatz bereits am Funk aus der Rückmeldung der Feuerwehr schließen können. Zunächst wird Kontakt mit der vor Ort befindlichen Einsatzleitung aufgenommen. Der Einheitsführer verlässt zunächst allein das Fahrzeug, um den Einsatzleiter zu suchen und sich mit ihm abzustimmen.

Sie verlassen nun also Ihr Fahrzeug und finden an seinem Führungsfahrzeug den Einsatzleiter der Feuerwehr A-Dorf, die zuerst vor Ort war und der die Einsatzleitung der Feuerwehr übernommen hat. Da Sie als erste Einheit des Katastrophenschutzes vor Ort eintreffen, übernehmen Sie die vorläufige Einsatzleitung für diesen Bereich. Sie fragen den Kollegen der Feuerwehr nach seiner ersten Lagemeldung und machen eine kurze eigene Lageerkundung auf Sicht.

Doch welche Ergebnisse bringt Ihnen dieses Lagebild nun? In der nächtlichen Dunkelheit sehen Sie den Nachtzug auf freier Strecke im Gleisbereich stehen. Der Zug ist auch dunkel, da er durch den Oberleitungsschaden stromlos ist. Die Feuerwehr gibt Ihnen die Rückmeldung, dass der Zug voll besetzt war, da viele Personen wegen der bevorstehenden Weihnachtstage auf dem Weg nach Hause sind. Die Personenzahl setzt sich aus Einzelreisenden, Paaren und Familien zusammen. Die Altersstruktur bildet einen Querschnitt durch die Gesellschaft. Im Zug befinden sich zwei Menschen mit einer körperlichen Behinderung, die auf einen Elektrorollstuhl angewiesen sind und von einer Betreuerin begleitet werden. Außerdem ist eine Schulklasse mit zwei Lehrkräften im Zug. Das Zugpersonal ist bemüht, die Fahrgäste zu beruhigen, jedoch kühlt das Innere des Zuges schnell aus und die Dunkelheit ist vor allem für die Evakuierung des Zuges eine Herausforderung. Sie überlegen nun gemeinsam mit dem Kollegen der Feuerwehr, wohin die Fahrgäste des Zuges evakuiert werden sollen und entdecken dabei eine große Verladestation für landwirtschaftliche Güter ca. 100 Meter weiter südlich. Sollten Sie nicht in der unmittelbaren Umgebung mögliche Sammelplätze/Betreuungsstellen finden, müssen Sie in Absprache mit der Gesamteinsatzleitung oder dem Organisatorischen Leiter Rettungsdienst bzw. der Örtlichen Einsatzleitung eine geeignete Unterkunft suchen und auch Transportmöglichkeiten für die Betroffenen organisieren. In diesem Fallbeispiel ist dieses ortsfeste Gebäude an das Stromnetz angeschlossen und scheint eine ausreichende Größe zur Unterbringung und Betreuung der Zuginsassen zu haben. Eine Feuerwehrkraft kennt den Besitzer und kann mit diesem absprechen, ob er die Halle öffnet und für die Evakuierung zur Verfügung stellt. Sollte die Situation so aussehen, dass es z. B. bei der Kontaktherstellung zu Schwierigkeiten kommt oder der Eigentümer nicht bekannt ist, versuchen Sie Kontakt mit der Leitstelle aufzunehmen und ggf. mithilfe der Polizei den Eigentümer ausfindig zu machen und zu kontaktieren. Der untere Bereich ist in dieser Unterkunft sicher und groß genug, um alle Betroffenen vorerst unterzubringen. Da in der Halle immer wieder auch temperatursensibles Saatgut gelagert wird, ist sie beheizt. Es stehen außerdem Sanitärräume und Büros zur Verfügung. Sie einigen sich, die Evakuierung durch die Feuerwehr zu veranlassen und die Betreuungsstelle in der Halle einzurichten.

Sicherlich ist nicht jedes Objekt wirklich für die Errichtung einer Akutbetreuungsstelle geeignet. Achten Sie vor allem auf ausreichend Platz und, wenn möglich, zusätzlich einzelne Räume. Sollte das nicht gegeben sein, kann durch mobile Abtrennungen eine Art Unterteilung erfolgen. Es

Tab. 2: Beispiel einer strukturierten Lagebeurteilung

Ansprechen	Beurteilen	Folgern
Uhrzeit	nachts – Nachalarmierung schwierig und lang andauernd	frühzeitige Nachalarmierung – auch aus Nachbarlandkreisen
Witterung	kalt/Winter, 5 °C – gefühlt 0 °C	schnelle Evakuierung in warme Räume, Wärmeerhalt
Lage	Zug ohne Strom, Personen mit besonderen Bedarfen im Zug, Einrichten einer Akutbetreuungsstelle	Akutbetreuungsstelle in vorgedachtem Raum einrichten und eröffnen
Anzahl Betroffene	ca. 200 Betroffene plus acht Personen Zugpersonal plus große Menge an Einsatzkräften	eine Betreuungseinheit hat Material für 200 – 500 Personen dabei – Alarmierung mind. einer Einheit (besser zwei)
Betroffene nicht ortsnah	Fernzug – viele Betroffene nicht ortsnah lebend	ggf. muss sich um weitere Unterbringung gekümmert werden – Absprache mit der Bahngesellschaft
verfügbares Personal	Feuerwehr zur Evakuierung und eine Einheit mit zehn Personen, ein RTW mit drei Personen und ein Einsatzleiter	zu wenig Personal zum Betrieb der Betreuungsstelle – zügige Nachalarmierung!
verfügbares Material	ggf. kein Betreuungsmaterial vor Ort, nur Material der Einheit	zu wenig Material zum Betrieb einer Betreuungsstelle – Nachalarmierung!

sind auch nicht alle Objekte standardmäßig beheizt. Hier muss dann mit der Unterstützung einer Technikeinheit oder der Feuerwehr bzw. des Technischen Hilfswerks eine Heizanlage installiert werden. Finden sich keine geeigneten ortsfesten Einrichtungen, muss die Akutbetreuungsstelle in Zelten, die aufgebaut werden müssen, eingerichtet werden. Dabei ist an die Zeltheizung als wichtige Komponente zu denken.

Nachdem die Lage nun erkundet ist, beginnen für Sie die Beurteilung der Lage und die Planung des Einsatzes.

Zur Beurteilung der Lage verwenden wir den Algorithmus „Ansprechen, Beurteilen, Folgern". Eine Überlegung kann wie in Tabelle 2 aussehen.

Mit diesen ersten Überlegungen können wir die Fragen aus der Checkliste schnell beantworten.

- Habe ich ausreichend Kräfte, um die Lage zu bewältigen?
  Nein, ich muss noch Kräfte alarmieren.
- Habe ich ausreichend und das richtige Material, um die Lage zu bewältigen?
  Nein, ich muss dringend eine Betreuungseinheit oder zumindest Material nachalarmieren.

Somit wird schnellstmöglich eine qualifizierte Rückmeldung an die Leitstelle und den sich voraussichtlich mittlerweile auf Anfahrt befindlichen OrgL formuliert. Eine Nachalarmierung von Material ist vordergründig, aber auch weitere personelle Unterstützung ist notwendig.

Die Planung des Einsatzes beginnt mit der Überlegung, wie Sie Ihren Einsatzabschnitt aufbauen und welches Personal und welche Ressourcen wofür eingesetzt werden. Da sich die Örtlichkeit zur Unterbringung erfreulicherweise in der Nähe zum Ort des Geschehens befindet und die Feuerwehr die Evakuierung des Zuges vornimmt sowie die Betroffenen in die Betreuungsstelle begleitet, beginnt die eigentliche Tätigkeit für Ihre Einheit mit dem Registrieren und Anwenden des BiA-Algorithmus. Sollten Sie aufgrund besonderer Bedarfe die Betroffenen nach der Evakuierung an eine weiter entfernte Akutbetreuungsstelle bringen müssen, so müssen Sie spätestens jetzt auch für eine Transportmöglichkeit sorgen (bestenfalls über ein örtliches Busunternehmen – sonst über geeignete Transportfahrzeuge der Feuerwehr und des Katastrophenschutzes). Klären Sie auch diese Frage mit dem Gesamteinsatzleiter und der Leitstelle.

Nach einer Begehung der Unterkunft können Sie entscheiden, welche Räumlichkeiten wofür genutzt werden und welche Wege innerhalb der Betreuungsstelle eingeführt werden. Kleinere Räume und Büros eignen sich als Rückzugsräume, Gebetsräume, Räume für PSNV und ggf. medizinische Versorgungen. Der große Raum kann als Aufenthaltsraum genutzt werden; bestenfalls bestückt mit Feldbetten und/oder Biertischgarnituren, sobald diese nachgeführt werden.

Abschließend kehren Sie zu Ihrem Fahrzeug zurück und halten Ihren Einsatzkräften einen kurzen Lagevortrag zur Gesamtlage und zu den nachalarmierten Kräften sowie zu den Aufgaben Ihrer Einheit. Nachdem mögliche Rückfragen beantwortet sind, rücken Sie mit Ihrer Einheit vor und beginnen mit der Einrichtung der Akutbetreuungsstelle.

Folgereaktion

Spätestens mit Abschluss der Betreuungsbedarfserhebung wird bekannt, ob und welche spezialisierten Einsatzkräfte über die erste Nachalarmierung noch hinzugezogen werden müssen. Im Rahmen der Registrierung der Betroffenen während der Evakuierung durch die Feuerwehr oder spätestens beim Eintreffen in der Akutbetreuungsstelle können die Fragen, aus welchen Personen sich die Gruppe der Betroffenen zusammensetzt und welche (speziellen) Bedarfe diese haben, beantwortet werden. Daraus lässt sich anschließend ableiten, welche personellen und materiellen Ressourcen weiterhin benötigt werden. Mit einem Abgleich der aktuellen und bereits angeforderten Kräfte und Materialien kann eine neue Nachforderung nötig sein.

Nehmen wir jetzt noch einmal die BiA-Taschenkarte für Einsatzkräfte in die Hand. Mit den Leitfragen können wir feststellen, welche Bedarfe anfallen, und diese dahinter vermerken.

Die Sofortbedarfe werden bei der Abfrage sofort in die Wege geleitet:

- notfallmedizinische Versorgung
- Wärmeerhalt
- Unterbringung in Sicherheit, warm und trocken
- Akutversorgung bei körperlicher Einschränkung, z. B. ein Rollstuhl
- Akutversorgung bei geistiger Einschränkung, z. B. eine Begleitperson.

Während der Evakuierung des Zuges ist es aufgrund der Dunkelheit und dem Einsatz von Leitern bei zwei Betroffenen zu kleineren Verletzungen gekommen. Eine Person hat einen umgeknickten Knöchel und dadurch Schmerzen, eine zweite Person hat sich am Arm eine tiefere Schnittwunde zugezogen. Für diese beiden Betroffenen werden sofort rettungsdienst-/sanitätsdienstliche Teams von der Feuerwehr hinzugezogen; diese rücken direkt vor zum Zug, um mit der Versorgung der Patienten zu beginnen. Die beiden verletzten Personen werden nach Abschluss der Untersuchung durch das jeweilige Behandlungsteam in die nahegelegene Klinik in die zentrale Notaufnahme transportiert.

Die zwei körperlich eingeschränkten Passagiere, die auf ihren Elektrorollstuhl angewiesen sind, können von der

Feuerwehr mit eben diesen evakuiert werden, sodass sich hier kein Sofortbedarf ergibt. Bei anderen Einsatzsituationen kann sich ergeben, dass die Evakuierung nicht im oder mit dem Rollstuhl stattfinden kann. Dann müssten die Betroffenen zunächst liegend auf einer Trage in die Akutbetreuungsstelle verbracht werden. Wenn möglich, kann der Elektrorollstuhl ebenfalls dorthin gebracht werden. Sollte das nicht der Fall sein, muss daran gedacht werden, dass ein entsprechendes Hilfsmittel zeitnah zur Einsatzstelle gebracht wird, damit die Betroffenen wieder möglichst schnell mobilisiert werden und sich entsprechend dem Grad der Behinderung mit oder ohne Begleitperson selbst versorgen können.

Die besonderen Bedarfe werden notiert und ggf. entsprechend nachalarmiert:

- Einleitung psychosozialer Notfallversorgung
- Sicherstellung von Aufsicht und altersgerechter fachlicher Betreuung
- Sicherstellung der Versorgung mit verordneten Medikamenten und medizinischen Leistungen
- Sicherstellung der fachlichen Versorgung von verordneten Pflegeleistungen
- Einleitung der Versorgung mit besonderen Ernährungsanforderungen
- Erfassung vermisster Personen und Einleitung der Suche, z. B. durch die Polizei.

In Ihrer Betreuungsbedarfserhebung zeigen sich nur wenige besondere Bedarfe. Die Betroffenen sind müde und frieren, jedoch ist diese Notlage durch einen technischen Defekt entstanden und nicht durch einen Unfall, sodass aktuell keine psychosoziale Notfallversorgung notwendig ist. Sollten sich Bedarfe ergeben, sorgen Sie schnellstmöglich dafür, dass diese erfüllt werden. Die Nachalarmierung von PSNV-Kräften kann auch vorsorglich eine wichtige einsatztaktische

Entscheidung sein. Vor allem bezüglich der Aufsichtspflicht ist auch ohne entsprechende Betreuungskräfte sicherzustellen, dass eine erwachsene Aufsichtsperson sich der Kinder und Jugendlichen annimmt und diese betreut, bis eine Ablöse vor Ort ist oder die Eltern/eine reguläre Aufsichtsperson die Betreuung übernimmt. Bei der Feststellung des Bedarfs hinsichtlich medizinischer oder pflegerischer Leistungen sowie wichtiger verordneter Medikamente, die die Betroffenen nicht bei sich haben, gilt es in Absprache mit der Einsatzleitung, eine Lösung zu finden. Eventuell können Materialien aus den Dienststellen zugeführt werden oder die Betreuung kann durch einen mobilen Pflegedienst sichergestellt werden. Notwendige Medikamente kann man bestenfalls über die Apotheke oder ein Krankenhaus beziehen und zur Akutbetreuungsstelle bringen lassen. Für die Versorgung bei besonderen Ernährungsanforderungen, wie beispielsweise Babynahrung oder Sondenkost, muss ebenfalls frühzeitig ein Lösungsansatz gefunden werden. Auch hier bietet es sich an, in naheliegenden Krankenhäusern oder Seniorenheimen nachzufragen oder eine Apotheke zu kontaktieren. Sollte es im Rahmen eines Einsatzes zu Vermissungen kommen, erfassen Sie die vermissten Personen separat und leiten diese Informationen an den Suchdienst und/oder die Polizei weiter.

In unserem Einsatzfall werden die Kinder der Schulklasse und die beiden begleitenden Lehrkräfte zusammen evakuiert und untergebracht, sodass keine Aufsicht gestellt werden muss. Das gilt ebenso für die Familien. Die beiden Personen im Rollstuhl werden von einer Betreuerin begleitet und benötigen aktuell weder zusätzliche fachliche Versorgung noch besondere Ernährungsformen. Insgesamt konnten alle Personen, die spezielle Medikamente oder Nahrung benötigen, diese aus dem Zug mitnehmen, sodass sie für die erste Zeit versorgt sind. Denken Sie jedoch auch an eine ggf.

mittel- bis längerfristige Versorgung und notieren Sie diese Bedarfe. Die Evakuierung lief aufgrund der Unterstützung der beiden Freiwilligen Feuerwehren reibungslos, sodass es auch zu keiner Vermissung gekommen ist und alle Personen, die im Zug waren, sicher in der Betreuungsstelle angekommen sind.

Grundbedarfe werden ebenfalls notiert und schnellstmöglich vor Ort oder durch Nachalarmierung zugeführt:

- Betrieb einer temporären Aufenthaltsmöglichkeit
- Bereitstellung von Sanitär- und Hygieneeinrichtungen
- Bereitstellung von lageangemessener Erstverpflegung und Getränken
- Bereitstellung lageangepasster Erstinformation und von Kommunikations- und Informationsmitteln.

Der Betrieb einer temporären Aufenthaltsmöglichkeit im Sinne einer Sofortbetreuung in einer Akutbetreuungsstelle ist Ihr Einsatzauftrag – also stellen Sie diesen selbstverständlich auch bestmöglich sicher. In dieser Unterkunft stehen Ihnen glücklicherweise auch Sanitäreinrichtungen zur Verfügung. Sollte dies nicht der Fall sein, müssen Sie dringend in Absprache mit der Einsatzleitung und/oder der Leitstelle nach einer Lösung suchen. In manchen Regionen gibt es bereits mobile Toilettenanhänger für solche Fälle.

Schwieriger gestaltet sich ohne entsprechende materielle Ressourcen die Bereitstellung von lageangemessener Erstverpflegung und von Getränken. Hier kann in unserem Fall die Feuerwehr aus B-Dorf aushelfen, die zumindest heißes Wasser für Babynahrung und warmen Tee für die Betroffenen sowie die Einsatzkräfte zur Verfügung stellen kann. Auch an Ihrer nächsten Einsatzstelle gibt es mit Sicherheit eine Möglichkeit, zumindest warme Getränke oder eine schnelle Verpflegung zu organisieren, bis die Verpflegungseinheit die Einsatzstelle erreicht und ihren Betrieb aufnimmt. Die Verpflegung kommt in unserem Szenario mit der nachrückenden Betreuungseinheit aus dem Nachbarlandkreis, was eine gewisse Anfahrtszeit bei diesen Witterungsverhältnissen mit sich bringt.

Wichtig ist generell auch die Bereitstellung von Informationen. Die Situation mit Insassen eines Fernzuges hält die Herausforderung bereit, dass auch sprachliche Barrieren überwunden werden müssen. Die Informationen müssen in diesem Fall auf Englisch und Italienisch dargeboten werden. Da nicht immer Personen mit den nötigen Fremdsprachenkenntnissen vor Ort sind, können Smartphones mit Übersetzungs-Apps hilfreich sein. Eventuell hat Ihre Einheit auch aus früheren Einsätzen schon fremdsprachige Unterlagen oder Piktogramme, um eine mehrsprachige Informationsweitergabe sicherzustellen.

Nachdem die Betroffenen am Eingang der Akutbetreuungsstelle in der nahegelegenen Halle registriert wurden, deren Bedarf erhoben und die Betreuungsstelle eröffnet ist, trifft der OrgL an der Einsatzstelle ein. Auf der Anfahrt hat er mitbekommen, dass die angeforderte Betreuungseinheit in den nächsten 30 Minuten ebenfalls am Einsatzort eintreffen wird. Nach einer ersten Übergabe mit dem Einsatzleiter der Feuerwehr, Ihnen als Einheitsführer und dem OrgL wird das weitere Vorgehen geplant. Die Bahngesellschaft sagt, dass der Schaden erst am kommenden Tag repariert werden könne und Busse zum Transfer in umliegende Hotels bereitgestellt würden. Bis diese die Betroffenen abholen können, würden aber noch etwa zwei bis drei Stunden vergehen. Somit wird gemeinsam entschieden, dass die anrückende Betreuungseinheit Ihren Einsatzabschnitt übernehmen und bis zur Abholung der Betroffenen fortführen wird. Nach einer Übergabe an den Einheitsführer der Betreuungseinheit und dem Zusammenführen Ihrer Einsatzkräfte und des eigenen Materials können Sie und Ihre Einheit abrücken.

Diese neue Lagemeldung teilen Sie Ihren Helfern mit. Somit sind in diesem Einsatzszenario die Überlegungen bezüglich eines länger andauernden Einsatzes hinfällig. Sollte sich keine so schnelle Lösung finden, kann es wichtig sein, auch bezüglich eines länger andauernden Betriebs der Akutbetreuungsstelle Vorausplanungen hinsichtlich der Ablösung des Personals und der weiteren Zuführung von benötigtem Material vorzunehmen und diese auch, wenn möglich, schon anzustoßen.

Schlussreaktion

Mit der Ankunft der Betreuungseinheit, der Übergabe und Absprache mit dem anderen Einheitsführer lassen Sie Ihre Einheit das verwendete Material einsammeln und übergeben die Registrierung, die Betreuungsbedarfserhebung sowie die restliche Dokumentation.

Überlegen Sie, ob Sie alle Informationen an Ihre Nachfolge übergeben haben. Prüfen Sie, ob all Ihre Einsatzkräfte bereit zum Abrücken und alles Material wieder im Fahrzeug verstaut und verlastet ist. Gibt es sonst noch etwas, was bedacht werden muss? Wenn dem nicht so ist, dann fahren Sie gesammelt wieder zurück zu Ihrer Wache.

Auf der Wache folgt ein kurzes Debriefing zum Einsatz und, falls bei Ihnen etabliert, ein kurzes gemeinsames Ritual zum Einsatzende.

Nachbereitung

Zur Nachbereitung sollten Sie als Einsatzführung bedenken, ob es Bedarf an einer Nachbetreuung der Einsatzkräfte im Sinne der PSNV-E gibt. Für gewöhnlich ist so ein Einsatz ohne bleibende Folgen zu verarbeiten. Es gibt jedoch individuelle Faktoren, die eine Nachbetreuung erforderlich machen. Sprechen Sie mit Ihren Einsatzkräften und beobachten Sie, ob sich ein ungewöhnliches Verhalten entwickelt.

Bezüglich des Materials gilt, verbrauchtes Material wieder aufzufüllen und defektes Material zu ersetzen. Wenn es sowohl den Einsatzkräften wieder gut geht (man bedenke auch nötige Ruhezeiten) als auch Fahrzeuge und Material wieder aufgefüllt sind, bleibt die Frage, ob die Einsatzfähigkeit wieder hergestellt ist. Darüber hinaus ist es wichtig, die Dokumentation zu vervollständigen und abzuschließen. Wenn dann alles erledigt ist, kann der Einsatz abgeschlossen und die Einsatzbereitschaft wieder hergestellt werden.

Nachwort

Nachdem wir uns in diesem Buch von der geschichtlichen Entwicklung des Betreuungsdienstes in Deutschland über heutige Besonderheiten der Betreuung bis hin zu einem Anwendungsbeispiel bewegt haben, werfen wir abschließend noch einen kurzen Blick auf die zukünftige Entwicklung des Betreuungsdienstes und dessen Herausforderungen. Liest man im Grünbuch der Bundesleitung der Bereitschaften auf Grundlage von Forschungsergebnissen des DRK mit dem Titel „Der DRK-Betreuungsdienst der Zukunft" oder in anderen Abhandlungen der Forschung im Bevölkerungsschutz zum Thema Betreuungsdienst, dann zeigen sich einige Entwicklungen, die für künftige Einsätze zunehmend in den Blick genommen werden müssen.

Demografischer Wandel

Zukünftig werden wir in Deutschland eine sinkende Bevölkerungszahl mit einem relativen Anstieg der Menschen über 65 Jahren erreichen. Das hat Auswirkungen auf den Kreis möglicher Einsatzkräfte, die älter und weniger werden könnten. Das hätte eine deutliche Auswirkung auf unsere Einsatzbereitschaft. Außerdem steigt die Zahl der vulnerablen Betroffenen mit zusätzlichen Betreuungsbedarfen, wie Pflegeleistungen oder medizinischer Grundversorgung vor Ort. Hier müssen wir neu denken und eventuell auch Kooperationen mit anderen Sozialdienstleistern wie Pflegediensten schließen, die uns fachlich im Einsatz unterstützen können. Auch Überlegungen zum Schwesternhelferinnenprogramm der Hilfsorganisationen sind im Rahmen der Corona-Pandemie wieder aufgeflammt. Durch die Zuwanderung von Personen aus verschiedenen Kulturkreisen ergibt sich die Herausforderung, kultursensibel auf sprachliche und religiöse Besonderheiten Rücksicht zu nehmen und diese in die Betreuung einzubringen. Dafür bedarf es oftmals weiterer Schulungen und der bewussten Auseinandersetzung der Einsatzkräfte. Vor allem durch die letzten Flüchtlingskrisen sind bereits viel Wissen und Handlungsmaximen entstanden. Doch die Vernetzung von sozialem Ehrenamt und Katastrophenschutz muss weiter ausgebaut werden.

Ressourcen in der Bevölkerung

In früheren Einsatzüberlegungen war oftmals bedacht, dass die Menschen vor Ort nichts mehr haben und eine Unterstützung in allen Bereichen brauchen. Das gilt heute oftmals nicht mehr so streng, da Wohlstand und Eigentum zu einer gewissen Resilienz in der Bevölkerung geführt haben. Auch das wieder zunehmende Wissen und die vorbeugende Auseinandersetzung in der breiten Bevölkerung führen stellenweise zu einer höheren Resilienz. Vor allem dieser Wohlstand kann jedoch bei Verlust zu besonderer Belastung führen und eine psychosoziale Betreuung umso bedeutsamer machen. Und auch die Personengruppen, die nicht viel besitzen, sowie Menschen, die von Flucht und Migration betroffen sind, benötigen weiterhin große Unterstützung mit sozialen und materiellen Ressourcen. Bestenfalls gehen wir bei der Kalkulation unserer personellen und materiellen Ressourcen im Betreuungseinsatz immer davon aus, dass die Betroffenen einen hohen Bedarf in allen Bereichen mitbringen können.

Änderungen im Ehrenamt

Wie im Abschnitt „Demografischer Wandel“ bereits beschrieben, zeigt sich sowohl dadurch als auch durch andere gesellschaftliche Entwicklungen eine deutliche Änderung in unserem Ehrenamt. Durch den stetigen Zuzug von Menschen in Ballungsräume entwickelt sich auch für das Ehrenamt eine immer größer werdende Schere zwischen dem Bedarf an Einsatzkräften und den vorhandenen Ehrenamtlichen – besonders in ländlicheren Gebieten. Das zeigt sich nochmal deutlicher tagsüber, wenn außerhalb des urbanen Raums lebende Personen zum Arbeiten in die Stadt fahren und dann zu Hause nicht zur Verfügung stehen. Auch die Bereitschaft, sich ehrenamtlich zu engagieren – vor allem in der Regelmäßigkeit und dem zeitlichen Ansatz, die ein Einsatzdienst erfordert –, nimmt deutlich ab, während es eher ungebundene Spontanhelfer in Akutsituationen sind, die sich zum Einsatz anbieten. Diese Herausforderung stellen wir im Alarmfall häufig bereits heute fest und das wird voraussichtlich auch in der Zukunft nicht einfacher werden. Die Gewinnung und Bindung von ehrenamtlichen, gut ausgebildeten und engagierten Einsatzkräften müssen oberstes Ziel der Hilfsorganisationen werden, um einen zukunftsfähigen Katastrophenschutz zu erhalten. Zusätzlich haben wir vor Ort weniger qualifizierte und erfahrene Helfer und müssen lernen, auch ungebundene Spontanhelfer einzubinden und vor Ort zu unterweisen. Hierzu wird bereits geforscht und erste Projekte, wie das WuKAS-System, bringen erste Handreichungen und Handlungsempfehlungen hervor.

Digitalisierung und schnelle Informationsvermittlung

In vielen Einsätzen zeigte sich in den vergangenen Jahren, welche Dynamik vor Ort durch die Digitalisierung und die schnelle Übermittlung von Informationen herrscht. Angehörige werden oftmals einsatzgleich über verschiedene Kanäle informiert und kommen zur Einsatzstelle, worauf man auch bezüglich Wegführung und Anfahrtswegen ein Augenmerk legen muss. Sie müssen ebenfalls gesammelt werden und möglichst zeitnah, jedoch ohne Störung des Einsatzablaufes, mit ihren Familienmitgliedern oder Freunden zusammengeführt werden.

In der Akutbetreuungsstelle können sich Informationen oder gar Fehlinformationen schnell in der Gruppe der Betroffenen und Angehörigen verbreiten und mitunter zu großer Unsicherheit bis hin zu Aggressionen führen – die sich auch gegen die Einsatzkräfte vor Ort richten kann. Es ist also sowohl das genaue Beobachten der Sozialen Medien und der Presse als auch die schnelle und transparente Informationsvermittlung an die Betroffenen vor Ort notwendig. Die Abstimmung mit den Pressestellen der Stadt, der Feuerwehr, der Polizei und der Hilfsorganisationen kann dabei deutliche Entlastung bringen, da die Informationen so gezielt und aktuell aus einer verlässlichen Quelle Sicherheit vermitteln und man sich auch in der Akutbetreuungsstelle als Einsatzpersonal dieser Informationen bedienen kann, um die Betroffenen zu begleiten und Ängste und Sorgen zu mindern.

Veränderung der Grundbedürfnisse

Eine weitere Herausforderung wird es sein, auf die sich immer weiter ändernden Grundbedürfnisse der Betroffenen einzugehen. Diese ergeben sich aus vielfältigen Situationen und Personengruppen.

Wie bereits beschrieben, sind die Digitalisierung und dadurch die sehr schnelle Informationsvermittlung nicht nur ein bedeutender Faktor im Rahmen der Betreuung betroffener Personen, sondern haben auch Auswirkungen auf etwaige Grundbedürfnisse. Zunehmend wichtiger wird die Bereitstellung von Strom und WLAN in den Akutbetreuungsstellen, sodass die Betroffenen mit anderen Personen kommunizieren und sich informieren können. Aktuell ist es, wenn überhaupt, zumeist lediglich ein kleines WLAN für dienstliche Zwecke.

Auch die zunehmende Diversität der Betroffenen hinsichtlich Herkunft, Sprache und religiöser sowie geschlechtlicher Orientierung bringt weitere beachtenswerte Aspekte mit in den Betreuungseinsatz. Wo bisher oftmals, wenn überhaupt, auf eine Personengruppe zusätzlich geachtet wurde, haben wir heutzutage und in Zukunft vermutlich noch mehr mit sprachlichen, versorgungstechnischen und kulturellen Aspekten zu tun, die es möglichst vorab zu bedenken gilt. Das beginnt beim Bereitstellen von Verpflegung mit unterschiedlichen Anforderungen und führt über die Kenntnis der großen oder in dem Gebiet weit verbreiteten Religionen und die Möglichkeit, auf die verschiedenen Sprachen auch ohne jeweiligen Dolmetscher zu reagieren, bis hin zu ggf. einer dritten Trennung der Sanitär- und Hygieneräume.

Diesen gesellschaftlichen Veränderungen muss auch der Katastrophenschutz mit seinen Einheiten und der Planung etwaiger Einsätze Rechnung tragen und das künftig mit in die Vorbereitung und Durchführung einplanen.

Änderung der Sicherheitslage in Deutschland und Europa

Deutschland ist ein Land mit einer umfassenden kriegsgeschichtlichen Vergangenheit. Das hatte auch Auswirkungen auf den Katastrophen- und Zivilschutz. Nach dem Zweiten Weltkrieg wurden zu Beginn der 1950er Jahre die Hilfsorganisationen nach Auflösung der Luftschutzorganisation und deren Einrichtungen gegründet. Ihre Aufgabe wurde der Zivilschutz. Im Laufe der 1960er Jahre begannen erste Diskussionen, dass die Kriegsgefahr sehr gering sei und man sich mehr auf den Katastrophenschutz konzentrieren solle. Durch die Kürzung finanzieller Mittel des Bundes wurden die Hilfsorganisationen in der Bereitstellung des Katastrophenschutzes zunehmend wichtiger.

Mit Ende des Kalten Krieges im Dezember 1991 und dem Zerfall der Sowjetunion wurde das Kriegsrisiko als beendet angesehen, der Katastrophenschutz der Hilfsorganisationen wurde zur Ländersache. Unter anderem durch geringe Einsatzzahlen größerer Lagen und der als gering wahrgenommen Gefahr möglicher kriegerischer Ereignisse in Deutschland sind Einrichtungen und Einheiten deutlich reduziert und eingespart worden. Erst mit Großveranstaltungen wie der Fußball-Weltmeisterschaft 2006 und der wachsenden Gefahr durch internationalen Terrorismus auf dem Staatsgebiet der Bundesrepublik Deutschland wurden dazu wieder erste Überlegungen aufgenommen – wenn auch nicht den Zivilschutz im Verteidigungsfall betreffend.

Besonders im Hinblick auf die aktuelle Sicherheitslage und den Kriegsgeschehen in Europa und im Nahen Osten ist auch in Deutschland der Verteidigungsplan wieder in den Fokus von Überlegungen gerückt. Auch der Zivilschutz, inklusive der Möglichkeit eines CBRN-Geschehens, wird verstärkt reevaluiert und langsam wieder aufgebaut. In den Medien sehen wir jeden Tag, welchen besonderen und auch enormen Herausforderungen Zivilschutzeinheiten und Einheiten der täglichen Gefahrenabwehr bei der Bewältigung kriegsbedingter Lagen begegnen. Ein besonderes Augenmerk für unsere Tätigkeit im Katastrophenschutz liegt auf der Eigengefährdung der Einheiten, deren Einsatzkräfte sowie der besonderen und für uns mittlerweile oft unbekannten Herangehensweise im Einsatz.

In Zusammenarbeit der Hilfsorganisationen mit Bund und Ländern sowie im Rahmen der zivilmilitärischen Zusammenarbeit (ZMZ) mit der Bundeswehr müssen alte

Konzepte neu bewertet, überarbeitet und aus den Folgerungen heraus praktisch umgesetzt werden. Dies ermöglicht es uns, auch im Fall einer Bündnis- und Landesverteidigung handlungsfähig zu bleiben.

Projekt BiA – Betreuungsbedarfserhebung in der Akutphase

Um diese Herausforderungen bestmöglich abzufangen und Personen und Einheiten im Betreuungseinsatz oder auch jeglichem Einsatz mit einer Betreuungskomponente zu unterstützen, wurde das Projekt BiA begonnen. Mithilfe der entwickelten Taschenkarte für Einsatzkräfte und Anhängekarte für Betroffene kann vor Ort jede Einsatzkraft schnellstmöglich Sofort-, Grund- und besondere Betreuungsbedarfe erheben und durch die Einsatzleitung veranlassen lassen.

Diese Unterlagen haben auch bereits Eingang in diverse Ausbildungskonzepte über alle Organisationen hinweg und bundesweit gefunden. Auch international wurde das Projekt bereits vorgestellt und Einsatzkräften an die Hand gegeben. Neben der Implementierung im Einsatzdienst ist es für die Weiterentwicklung jedoch von essenzieller Bedeutung, diese Arbeitshilfe in Übungen und/oder dem Realeinsatz zu nutzen und zu testen und dann Feedback an die Projektgruppe zu geben, damit ggf. Anpassungen vorgenommen werden können. Somit können wir Sie mit unserer Vorstellung des Projektes und der Checkliste im Rahmen dieses Buches nur dazu aufrufen, unsere Arbeit in Ihre SAA/SOP aufzunehmen und sie zu beüben bzw. in den Einsatz zu bringen. Nur Sie können uns mit Ihrer Tätigkeit das wichtige Feedback geben, das diese Arbeit weiter voranbringt. Feedback zu Ihren Erfahrungen oder auch weitere Anfragen dürfen Sie jederzeit gern an generalsekretariat@dgkm.org stellen.

Literaturverzeichnis

Bundesamt für Bevölkerungsschutz und Katastrophenhilfe (BBK) (Hrsg.) (o. J. a) Schutz vor Naturgefahren. Online: bit.ly/BBKSchutzNaturgefahren (Abruf: 15. Januar 2024).

Bundesamt für Bevölkerungsschutz und Katastrophenhilfe (BBK) (Hrsg.) (o. J. b) Chemische Gefahren. Online: bit.ly/BBKChemischeGefahren (Abruf: 15. Januar 2024).

Bundesamt für Bevölkerungsschutz und Katastrophenhilfe (BBK) (Hrsg.) (2019) Katastrophenalarm. Ratgeber für Notfallvorsorge und richtiges Handeln in Notsituationen. 7. Aufl., BBK, Bonn.

Bundeskriminalamt (BKA) (Hrsg.) (o. J.) Abteilung „Islamistisch motivierter Terrorismus/Extremismus" (TE). Online: bit.ly/BKAimTE (Abruf: 15. Januar 2024).

Bundesministerium des Innern (BMI) (Hrsg.) (2009) Nationale Strategie zum Schutz Kritischer Infrastrukturen (KRITIS-Strategie). BMI, Berlin.

Deutsches Rotes Kreuz e. V. (Hrsg.) (2017) DRK-Dienstvorschrift 600 „Der Betreuungseinsatz". Ausgabe Westfalen-Lippe. DRK, Münster.

Deutsches Rotes Kreuz e. V. (Hrsg.) (2018) Der DRK-Betreuungsdienst der Zukunft. Ein Grünbuch der Bundesleitung der Bereitschaften auf Grundlage von Forschungsergebnissen des DRK. o. A.

Schreiber J (2018) Betreuungslagen: Der „Massenanfall von Betroffenen" braucht eine Betreuungssichtung. IM EINSATZ 25 (1): 36 – 39.

Schreiber J (2023) BiA CBRN. Intensiv- und Notfallbehandlung 48: 26 – 30.

Turulski A-S/Statista (2022) Anzahl der Gemeinden in Deutschland nach Gemeindegrößenklassen.

von Berchem KA (1962) Der Mensch in der Katastrophe: Die seelisch-körperlichen Reaktionen der Betroffenen. Helfer u. erste Hilfe. DRK, Bonn.

Autorin und Autoren

Christoph Brodesser
ehemals Katastrophenschutz DRK Westfalen-Lippe
Kapitel: 1, 2.5, 4

Andrea Hirth
Notfallsanitäter, M. Sc. Psychologie, Fachweiterbildung Notfallpsychologie, PSNV-B/-E
Diözesanreferentin Ausbildung und stellvertretende Diözesanreferentin Notfallvorsorge, MHD e. V. Erzdiözese München und Freising
Kapitel: Vorwort, 2.3, 2.4, 2.6, 3.1, 3.2, 3.3, 5.1, 5.2, 5.3, Nachwort

Jan Mohrhardt
Notfallsanitäter, B. A. Emergency Management, ASB Baden-Württemberg e. V., Region Mannheim/Rhein-Neckar
Kapitel: 2.1, 2.2